10대의
무기력

10대의 무기력

© 차경희, 2022

1판 1쇄 펴낸날 2022년 4월 29일

지은이 차경희 | **본문 일러스트** 마타
총괄 이정욱 | **편집·마케팅** 이지선·이정아 | **디자인** 조현자
펴낸이 이은영 | **펴낸곳** 도트북
등록 2020년 7월 9일(제25100-2020-000043호)
주소 서울시 노원구 동일로 242길 88 상가 2F
전화 02-933-8050
팩스 02-933-8052
전자우편 reddot2019@naver.com
블로그 blog.naver.com/reddot2019 | **인스타** @_dot_book_
ISBN 979-11-977412-0-3 03180

무기력한 내 아이 속마음 들여다보기

10대의 무기력

HELPLESSNESS

차경희 지음

또북

차 례

4_ 무기력과 마주하기

PART 2

5_ 무기력 셀프 리셋하기

6_ 무기력 리폼하기

"끝이라고 생각할 때 시작이 이루어진다.
끝나는 곳이 바로 우리가 출발할 지점이다."

- T. S. 엘리엇(Thomas Stearns Eliot)

어른들을 위한
무기력 사용설명서

우리는 살아가면서 '왠지 무기력하다'는 생각을 자주 합니다. 신기하게도 무기력은 불시에 다가옵니다. 그런데 아이의 무기력한 모습을 보면 더 강렬한 부정적 감정을 느끼게 됩니다. 일탈이나 문제행동이 아니더라도 문득 '아이가 갑자기 왜 저럴까' 의문이 드는 순간이 있을 것입니다. 학생들이나 부모님을 만나 이야기하다 보면 부모-아이 관계는 늘 애매한 경계선에 있었습니다. 세대 차일까? 아니면 서로에 대한 기대가 너무 커서 부대끼는 걸까? 걱정이 되더라도 지켜보는 게 최선인 것 같지만, 한편 어른으로서 뭔가 놓치고 있다는 불안이 엄습합니다.

사실, 아이만의 문제는 아닙니다. 어느 날 문득 코끝이 찡하거나 울컥하는 마음에 감정이 북받쳐 오르는 나의 모습을 발견한다면 그냥 지나치지 마세요. 우울증 등의 증상이 아니더라도 일상적인 무기력으로 인한 것일 수 있습니다.

아이의 무기력을 느끼고 고민하다 자신의 무기력에 직면하게 되는 어른들은 생각보다 많습니다. 자신의 내면을 들여다보는 경험 없이 10대를 그럭저럭 보낸 어른들이라면 갑자기 찾아온 무력한 감정이 한없이 당황스러울 것입니다.

"어떤 행성 주위를 당신이 돌고 있는가는 내게 중요하지 않다.
다만 당신이 슬픔의 중심에 가닿은 적이 있는가.
삶으로부터 배반당한 경험이 있는가.
그래서 잔뜩 움츠러든 적이 있는가.
또한 앞으로 받을 더 많은 상처 때문에
마음을 닫은 적이 있는지 나는 알고 싶다."

- 오리아 마운틴 드리머의 〈초대〉 중에서

이 책을 통해 나와 아이를 괴롭히는 무기력을 직면하시기 바랍니다. 10대의 무기력이 어떠한 모습으로 변화되는지 살피면서 그에 대한 아이와 어른의 현명한 대응법을 담았습니다.

『1장. 무기력 이해하기』에서는 무기력에 대한 정의를 살펴보았습니다. 연구를 통해 객관화되거나 작품을 통해 표현되고 설명되는 무기력을 통해 무기력의 실체에 한층 더 가깝게 다가갈 수 있습니다.

『2장. 일상 속 10대의 무기력』에서는 생애주기마다 주기적으로 등장하는 무기력을 10대 사춘기 시점에 맞추어 설명하였습니다. 질병이나 사회병리 현상으로서가 아닌, 평범한 일상 속에서 문득 다가오는 무기력에 주목하였습니다.

『3장. 위험에 빠진 무기력』에서는 10대의 무기력을 방치했을 때 겪게 되는 일들에 관해 서술했습니다. 10대 아이의 무기력에 소홀하게 대응하면 마음의 상처로 남을 수 있고, 그 상처는 어른이 되어서도 치명적인 심리적 흔적으로 남는다는 것을 알 수 있습니다.

『4장. 무기력과 마주하기』에서는 우리 일상에서 존재하는 무기력의 모습을 여러 유형의 사람의 체험적 목소리를 통해 살펴보고, 무기력의 공통된 특징을 정리하였습니다.

『5장. 10대 무기력 셀프 리셋하기』부터는 무기력에 대한 대처 방법을 담았습니다. 10대 아이들이 스스로 무기력에 어떻게 대응하면 좋은지에 대해 설명했습니다.

『6장. 무기력 리폼하기』에서는 10대의 보호자이자 조력자로서 어른 혹은 부모의 태도나 마음가짐을 설명하였습니다.

『7장. 무기력, 내면의 강함을 더하다』에서는 무기력 뒤집어보기를 시도했습니다. 무기력의 재탄생과 재구성은 긍정의 시선으로 무기력을 통찰하자는 제안이기도 합니다.

아이의 무기력을 살피며 어른으로서, 부모로서 나의 무기력을 깨닫게 될 때 무기력을 이겨낼 수 있습니다. 무기력에 대해 알고 최적의 대처법을 찾아낸다면 무기력과의 해피엔딩을 기대할 수 있지 않을까요? 아이를 통해 부모됨을, 학생을 통해 선생님의 역할을 성찰하는 시간이 될 거라 기대합니다. 다음 세대를 이끌어갈 아이들을 위한 어른들의 따뜻한 돌봄이 필요한 시기입니다. 이 책이 그 시작이 되길 진심으로 바랍니다.

HELPLESSNESS

PART 1

1 무기력 이해하기

하인리히법칙(1:29:300)과 무기력

6년 전 경미한 교통사고로 입원을 했을 때였다. 당시 문병을 오셨던 산업안전관리과 교수님이 이야기 하나를 들려주었다. 1:29:300이라는 숫자에 관한 이야기였는데, 이것이 안전교육의 핵심이라고 했다. 나에게 조심히 운전하라며 해주신 따뜻한 조언이었다. 아찔했던 사고 당시의 상황이 떠오르며 교수님의 말은 의미 있는 기억이 되었다.

1:29:300은 '예측할 수 없는 재앙은 없다'는 의미를 담은 '하인리히법칙'을 나타내는 숫자들이다. 1920년대 미국 여행보험회사 관리자 허버트 W. 하인리히는 7만 5천 건의 산업재해 자료를 분석한 결과 의미 있는 통계학적 규칙을 찾아냈다. 평균적으로 한 건의 큰 사고(Major Incident) 전에 29번의 작은 사고(Minor Incident)가 발생하고 300번의 잠재적 징후들(Near Misses)이 나타난다는 사실이다.

1	29	300
대형 사고 ←	작은 사고 ←	잠재적 징후(부상당할만한 사건)

- 1 = 사망 또는 중상
- 29 = 경상(인적. 물적 손실)
- 300 = 무상해사고(고장 포함)

'하인리히 법칙'은 큰 사고 발생 전에 반드시 유사한 작은 사고와 사전 징후가 선행한다는 경험 법칙이다. 어떤 상황이든 문제 현상이나 오류를 초기에 신속히 발견해 대처하는 것이 최선이다. 만약 초기에 신속히 대처하지 못할 경우 큰 문제로 이어질 위험은 커진다. 사소한 사건은 큰 사고의 징조가 되기도 한다. 한 건의 작은 사고는 거기에 그치지 않고 연쇄적 사고로 이어질 수 있다. 물론 모든 사실을 숫자로 완벽하게 예측할 수는 없다. 다만 숫자는 객관적 사실의 증거이기에 주목해야 한다. 어쩌면 당연한 논리이고 상식 수준의 지혜이다.

숫자를 실제 상황에 대입해 보았다. 만약 내가 운영하는 작업장에 1명의 사망 사고가 있다면 그전에 뼈가 부러진 사람이 29명, 다리를 삐끗한 사람이 300명 발생했다는 추측이 가능하다. 여기서 300이란 숫자에 주목할 필요가 있다. 1번의 사망 사고가 일어나기 전 300번의 경미한 사고들이 작업장에 있었지만, 그것을 무시했기 때문에 결국 큰 사고로 이어졌을 가능성이 크다.

운전을 하다 보면 습관적인 작은 실수를 하곤 한다. 고쳐야지 하면서도 무심코 지내다가 어느 날 아찔한 사고 위험에 처한 적이 있다. 얼굴에 작은 뾰루지가 났을 때도 세안을 조심스레 해야 하는데 무심히 지내다가 흉터로 변해 속상한 적도 있다. 우리는 자신에게 생기는 작은 불편함이나 나쁜 기분들을 작다는 이유 또는 별거 아닐 거라는 느낌만으로 무시하고 지나치고 덮는 경우가 많다.

나에게도 심한 무기력이 찾아온 적이 있다. 자꾸 기분이 다운되고, 스스로 뭔가 이상하다는 생각이 들었지만, 이런 마음 상태를 대충 넘겨버리고 지내던 중이었다. 갑자기 찾아온 무기력에 한 방 맞고 나니 깊은 우울감이 찾아왔고, 대인관계 기피증의 증상을 경험해야 했다. 평소 가족과 친구들에게서 편안함을 느끼던 나였는데 당혹스러울 만큼 그들에게서 도망쳐 숨고만 싶었다. 언제 시작되었는지도 모르는 깊은 좌절감과 우울감에 무척 혼란스러웠다.

무력감에 빠져 좀처럼 에너지가 생기지 않던 어느 날, 문득 하인리히 법칙이 떠올랐다. 이 법칙이 나의 무기력을 해결하는 단서가 될 것 같다는 직감이 들었다. 아무리 사소한 문제가 생기더라도 그 상황을 현명하게 보내지 않으면 또 다가온다. 더 크고 복잡하고 어려운 상황으로 엄습한다. 300번의 징후가 29번의 작은 사고로 가지 않도록 징후를 감지하고 그에 대한 적절한 대처를 해야 한다. 혹여 29번의 경미한 사고가 일어난 상황이더라도 1번의 대형 사고로 치닫지 않도록 시설이나 환경을 보수하고 위험 요인을 제거하기 위해 적극적으로 노력해야 한다.

하인리히 법칙을 무기력에 대입했다. "지금 무기력한가요?"라는 질문에 "그런 것 같아요. 요즘 가끔 그런 기분이 들어요."라고 대답한다면 300의 작은 징후라고 볼 수 있다. '요즘 왜 이러지?'라는 생각이 들기 시작했다면 무기력의 첫 번째 단계라고 볼 수 있다. 문제는 이 단계에서 많은 사람이 자신의 상태를 그냥 기분 탓으로 슬쩍 넘겨버린다는 것이다. 사람들은 본능적으로 문제 상황을 꺼리기 때문이다.

"자주 그런 기분이 들어요. 뭔지 모르지만 심각한 느낌인 것 같아요."라고 대답한다면 29의 징후, 즉 무기력의 두 번째 단계이다. 자꾸 힘도 빠지고, 하고 싶은 생각도 없어지고, 가끔은 화가 난다면 그냥 지나쳐서는 안 된다. 이쯤 되면 뭔가 그냥 지나치기에는 심기가 불편하다. 덮어버리거나 무시할 수 없는 데다가 외부에도 표시가 나는 정도에 이른다. 그런데도 사람들은 '별거 아닐 거야. 살다 보면 다 그런 거지.'라고 생각하며 오히려 담담해지려고 애쓴다. 겉과 속이 완전히 다른 이분법적인 모습을 보일 수 있다. 표정은 밝지만, 마음은 답답해지는 불일치가 감정을 자극해서 더 예민해진다.

'내가 감당할 수 없는 심리적 불편감이 들고 생활에도 어려움이 있다'라는 생각이 든다면 1의 위험에 도달했다고 볼 수 있다. 무기력의 세 번째 단계이다. 이 단계가 되면 혼자 이겨내기는 버거울 것이다. 전문치료기관을 방문하거나 반드시 전문가의 도움을 받아야 한다. 이 단계가 되면 자꾸 자기만의 마음의 독방으로 숨어들게 된다. 물론 마음의 독방에 자신을 가두는 이유가 무기력 때문만은 아닐 것이다. 그러나 자신의 모습을 부정하고 뭔가 도전하는 것을 포기하는 것이라면 그건 분명 무기력이다. 이 상황이 계속 반복되면 피해는 자신에게 직접적으로 다가오고 그만큼 회복도 쉽지 않다.

하인리히 법칙이 무기력에 준 지혜를 정리해 보자. '1'이라는 극단적이고 명확한 사건이 발생되기 전 작은 징후를 무심코 넘겨서는 안 된다. 작은 징후를 잘 대응하는 과정을 거친다면 역으로 정서적 안정감과 성장을 기대할 수 있다. 그러기 위해서는 현명한 자기 확신이 필요하다. 무기력이 감지될 때, 그 순간 무기력을 받아들이며 동시에 이기는 출발점이 되어야 한다.

무기력을 이겨내는 느낌이 들지 않아도 된다. 다만 원치 않더라도 조금이라도 움직여야 한다. 우리가 무기력을 이긴다고 다시 무기력이 찾아오지 않는 것도 아니고 대단한 무언가를 이루는 것도 아니다.

그럼에도 무기력을 응시해야 하는 이유는 그 시간을 보내는 사람이 바로 나이기 때문이다. 그렇기 때문에 그 상황에 대해서 회피하지는 않아야 한다. 무기력은 살아가는 한 모습이며, 누구에게나 불현듯 찾아오는 마음 상태이기도 하다.

무기력(Helplessness)이란

무기력이란 무엇일까? 신기하게도 이 질문에 대한 나의 답은 매 순
간 변한다. 너무 잘 아는 듯하면서 막상 답하려니 쉽지 않다. 사람들
이 가장 많이 공감하는 모습은 '무기력 = 힘, 기운, 에너지가 없다'일
것이다. 무기력에 대한 다음의 8가지 해석을 살펴보자.

| 무기력의 8가지 해석

- 무기력 = 자신이나 다른 사람을 돕기 위해 아무것도 할 수 없다는 느낌
  이나 상태 (feeling or state of being unable to do anything
  to help yourself or anyone else)

- 무기력 = 스스로를 도울 수 없음 ; 약하거나 의존 상태; 무력하거나 무능
  함 (unable to help oneself ; weak or dependent ; power-
  less or incompetent)

- 무기력 = 힘의 상실 (deprived of strength or power ; powerless ;
  incapacitated)

- 무기력 = 지원 또는 보호 부족 ; 폭풍우 속에서 무력한 상태에 놓임
  (Lacking support or protection : They were left helpless
  in the storm.)

- 무기력 = 통제 불가능 ; 비자발적 ; 허탈한 웃음 (impossible to control
  ; involuntary ; helpless laughter)

- 무기력 = 행동할 수 없음으로 드러난 무력감 (powerlessness revealed
  by an inability to act)

- 무기력 = 무언가의 도움이 필요한 상태 ; 누군가 또는 다른 것에 의존하거나 통제를 받는 상태 (the state of needing help from something ; the state of relying on or being controlled by someone or something else)

- 무기력 = 관리할 수 없다는 느낌 ; 우울하고 부적절하다는 슬픈 감정 (a feeling of being unable to manage ; sad feelings of gloom and inadequacy)

무기력에 대한 해석들은 비슷해 보인다. 다음으로 무기력의 사전적 정의를 살펴보자.

| 무기력의 사전적 정의

[국어사전]

1. 어떠한 일을 감당할 수 있는 기운과 힘이 없음.
2. 신체적-정신적 작업에 대한 에너지와 동기부여에 관련된 피로 누적 상태
3. 몸과 마음의 에너지가 고갈된 욕구 결핍 상태

[캠브리지사전]

The feeling or state of being unable to do anything to help yourself or anyone else. (자신이나 다른 사람을 돕기 위해 아무것도 할 수 없는 느낌이나 상태)

[위키피디아]

Learned helplessness is behavior exhibited by a subject after enduring repeated aversive stimuli beyond their control.
(학습된 무기력은 반복적으로 통제 불가능 자극을 경험한 후 나타난다.)

사전의 정의에서 생각해 보면 무기력은 편하지 않고 뭔가 마음에 안 드는, 만족이 느껴지지 않은 마음 상태이다. 이럴 때 인간은 본능적으로 무기력을 극복하거나 무기력한 느낌을 없애버리고 싶은 욕구를 느낀다고 한다.

그렇다면 무기력은 어떤 모습으로 드러날까? 인도의 작가 조티 파텔 (Jyoti Patel)의 글에 묘사된 무기력의 모습들이다. 이 글로 무기력이 우리에게 어떤 모습으로 드러나는지 좀 더 잘 이해할 수 있을 것이다.

I am not angry. (나는 화가 나지 않았다.)

I am not sad. (나는 슬프지 않다.)

I have no questions. (나는 궁금한 게 없다.)

I need no answers. (나는 해결책이 필요하지 않다.)

For, I am numb. (나는 감각이 없다. 무디어지는 느낌이다.)

I can't cry. (나는 울 수도 없다.)

I can't smile. (나는 활짝 웃을 수 없다.)

I can't laugh. (나는 소리내어 웃을 수 없다.)

I can't giggle. (나는 장난치듯 웃을 수 없다.)

For, I feel numb. (나는 감각이 없다. 무디어진 것 같다.)

I don't argue. (나는 다투지 않는다.)

I don't think. (나는 생각하지 않는다.)

I don't talk. (나는 말하지 않는다.)

I can't fight. (나는 싸우지 않는다.)

For, I feel numb and (나는 감각이 없다. 힘이 없다.)

Somehow, I just know. (어떤 것인지 나는 알 것 같다.)

Being 'numb'is worse. (무감각이 더 나쁘다.)

Than anything else! (그 무엇보다!)

　무기력이 무엇인지 어렴풋이 이해가 될 것이다. 그렇다면 무기력은 왜 생기는 걸까? 어떤 상황에서 무기력이 자주 발생할까? 무기력을 극복하는 방법은 무엇일까?

　우선 무기력 상태에 빠진 나의 마음을 이해하기 위한 통찰과 시선을 갖추는 것이 중요하다. 나에게 무기력을 직면하는 시선과 자세가 장착된다면? 자신은 물론 어른으로서 아이의 무기력도 살펴볼 여유가 생길 것이다. 내가 진심으로 이해하고 공감할 수 있어야 누군가의 무기력을 읽어 내고 도와줄 수 있다. 아이의 부모로서 혹은 무기력 앞에 혼란스러운 존재로서 현명하게 마음 정리를 하기 위한 여정을 시작해 보자.

무기력 탐구 : 학습된 무기력

'매일 세 가지씩 좋은 일 생각하기!'

혹시 이런 문구를 접해본 적이 있는가? 나는 '감사일기', '확언' 등으로 긍정적 자기 표현을 해본 적이 있다. 변화나 성공을 위해 일상 속에서 내면의 습관을 갖추어가는 것이다. 이것은 《학습된 무기력(Learned Helplessness)》의 저자 마틴 셀리그먼(Martin Seligman)[1]의 '행복 찾기를 위한 아이디어'다. 그는 오랜 무기력 연구 끝에 행복과 감사를 답으로 찾아냈다.

마틴 셀리그먼과 그의 동료 스티브 마이어(Steve Maie)는 무기력 탐색을 위해 다음과 같은 실험을 진행했다.

[1차 실험]

먼저 비슷한 크기와 성향을 가진 개들을 A, B, C 세 집단으로 나눠 셔틀박스에 넣었다. 모든 개는 벨트를 묶어둔 상태였다.

A 집단은 전기충격을 주고 나무판(제어장치)을 밀면 전기 충격을 멈출 수 있도록 했다. B 집단은 전기 충격을 주고 어떤 행동을 해도 전기 충격을 멈출 수 없도록 했다. B 집단의 개가 느끼기에 전기자극은 끝을 낼 수 없으며, 언제 닥칠지 알 수 없는 사건으로 '피할 수 없는

---

1 긍정심리학 창시자로 '학습된 무기력'과 '우울증' 분야의 최고 권위자다. 미국심리학회 회장을 역임했다. 현재 펜실베이니아대 심리학과 교수와 긍정심리학센터 책임자로 재직 중이다. 차세대 지도자 육성프로그램 [폭스 리더십(FoxLeadership)]을 운영하고 있다. 미국 국립정신보건원, 국립노화연구소, 국립과학재단, 로버트 우드 존슨 재단, 애틀랜틱 자선 재단교육부로부터 연구기금을 후원받고 있다. 저서로 《낙관성 학습(Learned Optimistic)》, 《낙관적 아이(The Optimistic Child)》, 《당신이 바꿀 수 있는 것과 바꿀 수 없는 것(What You Can Change and What You Can't)》 등이 있다.

일'이었을 것이다. C 집단은 전
기 충격을 주지 않았다.

A
나무판을 밀면
전기충격을
멈출 수 있음.

세 집단 중 A, C 두 집단은
박스에서 풀려나오자 얼마 안
있어 활발히 뛰어놀았지만, B
집단은 침울하고 먹이도 잘 먹
지 않으며 혼자만 있는 행동을
보였다. 마치 우울증에 걸린
사람 같았다.

B
어떤 행동을 해도
전기충격을
멈출 수 없음.

C
전기충격을
주지 않음.

[2차 실험]

1차 실험에 참여한 개들을 벨트를 채우지 않은 상태로 셔틀박스에
넣고 전기충격을 주었다. A, C 집단은 재빠르게 셔틀박스 장벽을 넘어
전기충격이 없는 옆 공간으로 점핑했다. B는 전기충격으로부터 도망
치려고 시도하지 않았다. 사전 경험 때문이었다. 자신의 노력 없이 상
황이 변하는(전기가 통하다 통하지 않는 상황의 반복) 것을 경험함으로써 '무
행동'을 선택하였다.

실험 상황을 '인간'에게 대입해보자. '벨트'라는 조건은 인간에게 주
어진 선천적 혹은 불가항력적인 환경이다. 구속, 억압, 강제의 부정적
인 느낌이 주어진 조건이다. '전기충격'은 살아가면서 닥치는 위험하거
나 힘든 상황이다. 마틴 셀리그먼은 피할 수 없는 전기충격을 경험한

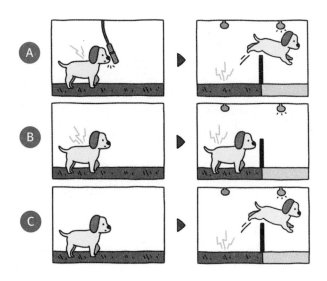

B 집단을 '학습된 무기력(Learned Helplessness)'으로 설명했다. '학습된 무기력'이란 '도피할 수 없는 상황에 있으면서 실패나 좌절을 경험하면 나중에 도피할 수 있는 상황에서 비슷한 부정적인 경험을 할 때조차 아무리 노력을 해도 다시 실패할 것이라는 생각을 떨치지 못한다는 것'이다.

학습된 무기력을 무시하거나 잘못 대응하면 다른 심리적 무질서와 결합되어 위험해질 수 있는데, 주로 우울, 외로움, 수치심, 분노, 혐오 등으로 나타난다. '우울, 외로움, 수치심'은 자신의 내면에 과잉반응하는 심리불안 현상이다. 반면 '분노와 혐오'는 다른 사람을 향해 부정적 에너지를 과잉분출하는 외적 행태다.

- 우울(depression) 근심스럽거나 답답하여 활기가 없음. 반성과 공상이 따르는 가벼운 슬픔
- 외로움(loneliness) 홀로 되어 쓸쓸한 마음이나 느낌
- 수치심(shyness) 다른 사람을 볼 낯이 없거나 스스로 떳떳하지 못함
- 분노(anxiety) 분한 마음이나 성이 난 마음
- 혐오(phobias) 싫어하고 미워하고 꺼리는 마음

한 사례가 있다. 아빠의 직장 이동으로 어쩔 수 없이 전학을 간 초등 6학년 여학생이 새로운 학교에서 왕따를 경험했다. 그런 탓에 중학교에 입학한 후에도 친구가 없었고, 이 학생은 시간이 지날수록 점점 더 소극적으로 변해갔다. 모둠학습을 할 때에도 의견을 내지 않았고, 점점 더 대인관계를 힘들어했다. 자신의 생각을 내고 의사결정에 참여해야하는 상황에서는 부끄러움을 느낀다고 했다. 결국 이 학생은 스스로 증상을 극복할 수 없다는 포기의 감정을 갖게 되었다. 이사와 전학이라는 불가항력적 환경 속에서 감정이나 관계를 직접 컨트롤하지 못하게 되었고, 결국 스스로 무언가에 참여하는 것 자체를 멈추었다. 그녀의 수치심과 불안감은 점점 증가했다. 10대의 왕따 경험이 나쁜 추억을 넘어 자신을 무너뜨리는 자해동기가 되어버린 것이다.

학습된 무기력은 생애 초기에도 시작될 수 있다. 다소 극단적이지만 보호시설에서 생활한 아이들은 유년 시절에도 심한 무기력 상황에 처한다. 자신을 도와줄 사람이 없다거나 어차피 도움을 받아도 보호시설 출신이라는 낙인 때문에 자신들의 상황이 바뀔 것이 없다고 체념

하게 된다. 무기력과 무희망의 감정을 반복하여 경험한 그들은 자신들이 문제를 해결하지 못하고 상황을 변화시킬 수 없다는 결정화된 좌절감을 품은 채 어른이 된다. 안타깝지만 유년 시절에 학습된 무기력은 아래와 같은 다양한 부정적 심리 상태로 이어진다.

| 학습된 무기력으로 나타나는 심리 상태

- 도움을 요청하는 것의 실패(failure to ask for help)
- 좌절(frustration)
- 포기(giving up)
- 결과의 부족(lack of effort)
- 낮은 자존감(low self-esteem)
- 부족한 동기(poor motivation)
- 꾸물거림/지연(procrastination)

어린 시절 자신의 삶 속에서 어떤 상황을 통제하지 못했다는 부정적인 감정을 갖게 되면 미래에 비슷한 상황에 처해도 통제가 불가능하다. 그런 경험들이 반복되면 상황을 극복하려는 어떠한 노력도 하지 않게 된다. 스스로 도전할 수 있다는 사실 자체를 생각하지 않게 된다. 도전을 멈출 것이고, 학년이 올라가면서 점점 상처를 받게 될 것이다. 학교에서의 낮은 성취는 스스로 '나는 옳지 않다' 혹은 '나는 쓸모없다'라는 생각으로 이어질 수 있다. 그로 인해 다른 상황이나 도전이 필요한 인생의 결정적 순간에서도 동기 자체를 잃어버릴 수 있다.

무기력은 어떻게 나타날까?

무기력은 어떤 모습으로 우리에게 나타날까? 내면의 심리이기에 실제 보이지는 않지만 느낌이나 감정, 때로는 습관으로 나타난다. 무기력은 우리가 그것을 인정하고 적극적으로 인식하기 시작할 때 나타난다.

| 무기력의 느낌

느낌(feel)
몸의 감각이나 마음으로 깨달아 아는 기운이나 감정
⋯⋙ 감각기관을 통해 받아들인다.

"무기력은 힘빠진 무표정의 누군가를 보는 순간 느껴진다."

무기력은 일단 부정적인 느낌의 마음 상태이다. 이 상태는 자신보다 다른 사람을 보았을 때 더 확실히 느끼게 된다. 아이를 바라보다가 '요즘 왜 저렇게 힘들어하지? 심드렁하고.' 하는 생각이 들 때가 있다. 무표정, 짜증내는 태도, 거부하는 모습, 주의깊게 말을 듣지 않는 태도 속에서 무기력 징후를 보게 된다. 눈으로 볼 수 있는 현상이나 모습뿐만 아니라 무표정이나 딴짓을 하는 모습을 보면 무언가 마음에 걸린다는 생각을 갖게 된다.

만약 아이에게서 무기력의 징후를 느꼈다면, 먼저 아이에게서 무기력한 모습이 언제부터 보였는지 떠올려보자. 무기력의 원인을 알아내기 위해서다. 아이의 무기력한 모습을 느꼈던 시점을 알았다면 그때

상황을 구체적으로 떠올려서 무기력의 원인을 찾아보자. 병원에 가면 '언제부터 아프셨나요?'라는 의사의 질문에 '어제 아침부터요'라는 대답으로 치료를 시작하는 것과 같다. 계속 질문하고 대답하면서 자연스럽게 마음 치유의 절차와 방법이 정해진다.

아쉽게도 기억이 나지 않는다면 아이에게 그 순간의 느낌을 진술하게 설명해 보자. '네가 무기력한 모습이 마음에 걸려. 뭔가 속상하거나 마음에 안 드는 일이 있는 것 같아'라고 이야기를 건네고 대화를 나누면 나의 직감이 아이의 무기력한 상태를 포착해낸 것이었는지, 아니면 나의 과민반응이었는지 알 수 있다. 후자의 경우는 아마도 나의 심리상태가 불편하거나 평소보다 예민해서일 수도 있다. 하지만 솔직한 느낌을 표현하는 것은 직감의 맞고 틀림을 떠나서 아이가 관심을 받았다는 좋은 기억으로 남는다.

| 무기력의 감정

> 감정(feeling)
> 어떤 현상이나 일에 대하여 일어나는 마음이나 느끼는 기분
> ⋯➜ 매우 주관적이다.
>
> "무기력이 마음에 들지 않더라도, 나의 감정으로 표출된다면 그것이 진짜 나의 마음이다."

좋은 평가를 받은 문학작품을 보면 대부분 주인공이나 등장인물의 감정 묘사가 잘 되어 있다. 자세히 보면 작품 속에서 인물들은 다양한

감정을 느끼는 것으로 묘사되고 표현된다. 단 하나의 감정만 표현하는 경우는 극히 드물다. 우리는 이런 작품을 읽으며 한 걸음 뒤로 물러나 등장인물이 품은 감정의 뿌리를 확인해 보게 된다. 감정의 원인이나 출발점에 대해 탐색하는 것이다.

영화나 드라마를 보면 주인공의 처지나 상황에 깊이 공감할 때도 있다. 슬픈 장면에서는 눈물도 흘리고 위협적인 장면에서는 탄식하기도 한다. 이성적으로 생각하면 나와 전혀 상관없는 일이고 현실이 아님에도 기뻐하거나 때로는 분노한다. 이런 모습을 보며 "현실감이 없네. 본인 일도 아닌데 드라마를 보면서 왜 그렇게 감정을 과하게 몰입해." 하고 탓하는 사람들도 있다. 하지만 감정은 옳고 그름의 문제도 아니고 책임을 논할 주제도 아니다.

감정은 본능적이지만 다양한 형태로 우리의 마음을 그대로 보여준다. 무기력 또한 다양한 감정으로 표현될 수 있다. 우리는 작품 속의 인물을 바라보는 것처럼 자신의 감정을 바라볼 수 있어야 감정을 컨트롤할 수 있고, 무기력을 방치하지 않게 된다. 자신의 감정을 잘 컨트롤하기 위해서는 나의 감정이 흔들리거나 왜곡된 지점을 찾아 그 감정을 어루만지고 정리하는 시간이 필요하다. 자녀의 경우라면 '왜 그랬을까'가 아니라 '그랬구나. 그럴 수 있겠네. 나도 그때 그곳에 있었다면 같은 모습을 보였을 것 같아'라는 공감과 위로가 필요하다. 타인의 아픔에 감정이입을 하지 않으면 진심으로 공감할 수 없고, 위로를 건넬 수도 없다.

習慣(habits)
마음과 행동이 반복되면 생기는 태도

"무기력은 자연스럽게 혹은 자동적으로 반복되는 속성이 있다."

무기력은 습관처럼 나도 모르게 반복되기도 한다. 부정적인 습관이 있다면 바꾸기 위해 노력해야 하고, 노력한다면 결국 바꿀 수 있다. 무기력이 습관적으로 찾아온다면 그때마다 즉각적으로 대응하고 그것을 지혜롭게 극복하는 심리 기제가 습관적으로 작동하도록 교육해야 한다. 즉, 습관적으로 찾아오는 무기력에 즉각 대응하는 습관을 키워야 하는 것이다.

나를 생각하거나 타인을 바라볼 때 무기력의 느낌이 엄습할 때가 있다. 그 순간을 무기력을 생각해야 하는 시점으로 받아들이면 그것으로 충분하다. '이게 진짜 무기력인지' 혹은 '어떤 수준의 무기력인지' 판정하는 것에 힘 뺄 이유는 없다. 마음을 오롯이 알 수 있는 것도 아니고, 마음이 불변의 실체가 아니기 때문이기도 하다.

무기력 앞에서 너무 긴장하거나 겁낼 필요도 없다. 경직되어 있으면 생각이 유연해지지 않을 뿐더러, 그런 사람은 대하기도 어렵다. 물론 내가 하는 말이나 행동에 따라 상대방의 반응에 신경이 쓰이고 내 이야기가 어떻게 전달될지 눈치가 보일 수 있다. 칭찬을 받으면 아니라며 손사래를 치기도 하지만, 칭찬받고 싶다는 욕구는 여전히 내면에 존재한다. 하지만 그 욕구에 집착하면 정작 중요한 것을 놓치게 된다. 일을 할 때, 이 행위를 통해서 무엇이 전달될까에 대해 생각을 많이 해야 한다. 칭찬 욕구를 버려야 집중할 수 있다. 잘했다는 피드백보다 이 순간 해야하는 것이 무엇인지, 그것을 제대로 했는지를 생각하다 보면 어떤 일이든 잘 해낼 수 있다. 작은 관심과 사소한 긍정적 생각을 반복하는 것은 나쁜 습관을 이기는 힘이 된다. 인간의 불완전성에 대한 최선의 노력이다.

정서나 마음의 내면 에너지는 행복이나 성공에 유의미한 역할을 한다. 마인드 혹은 심리 등으로 불리지만 눈에 보이지 않는 실체이고 내면화될 수밖에 없다. 그렇기 때문에 인간으로서 괜찮은 인생을 살기 위해서는 외형적 성장이나 성취 못지않게 마음과 내면의 성장이나 안정에 주목해야 한다.

웃음이 줄어들고 감정 표현이 잘 안되고 무덤덤해지는 느낌이 드는가? 우연히 들은 나쁜 소식에 마음이 복잡해지는가? 습관처럼 찾아오는 무기력으로 지친다는 생각이 드는가? 느낌, 감정, 습관으로 다가온 무기력을 외면하지 않아야 한다. 그런 상태의 내 자신이 마음에 들지 않아도 그것이 바로 지금 나의 마음이다. 그리고 무기력을 극복하는 과정은 내 마음성장의 중요한 기회일 수 있다.

무기력은 작지만 깊은 마음의 상처

정신의학 전문의 대니얼 고틀립(Daniel Gottieb)은 30대 불의의 교통사고로 척추손상을 입어 전신마비가 된다. 우울증과 이혼 그리고 아내, 누나, 부모님 죽음 속에서도 힘을 내고 삶에 대한 새로운 시선을 갖게 된다. 유일한 손자 샘이 14개월에 자폐증 진단을 받고 어려움에 처하자 손자를 위한 책을 출간하게 된다. 세상과 인생에 대한 이야기가 담긴 《샘에게 보내는 편지(문학동네, 2007)》이다. 아이를 사랑하는 어른의 따뜻하며 진심이 담긴 글이다.

이 책에 나오는 글귀 중 '상처받은 자가 상처를 준다'라는 표현이 인상 깊었다. 자신에게 긍정적인 사람들은 다른 사람을 괴롭히지 않는다고 한다. 반대로 유년 시절의 상처를 제대로 치유하지 못한 어른들은 아이들에게 상처를 줄 수 있다. 부모의 마음 상처가 아이들에게 또 하나의 상처로 전해질 수 있는 것이다. 고틀립은 '상처가 아무는 데 필요한 모든 것은 네 안에 있다'라는 지혜로운 처방법을 제시했다. 무척 공감한다. 상처 치유는 자신의 마음에서 시작되어야 한다. 누구나 마음을 잘 헤아리고 공감하면 성공적인 치료가 가능하다니 얼마나 다행인가.

상처는 두 가지 사전적 의미를 가지고 있다.
(1) 몸을 다쳐서 부상을 입은 자리
(2) 피해를 입은 흔적

두 번째 정의의 '흔적'이란 내면의 상처도 포함하는 말이다. 외형이든 내면이든 상처가 홈집으로 기록되지 않도록 치료해야 한다. 무기력이 외형으로 나타난다는 것은 무기력의 상태가 상당 부분 진행되었다는 것을 의미한다. 반면에 무기력의 모습이 내면의 상태로 보여지는 것은 정도가 매우 다르다.

그렇다면 '무기력은 작지만 깊은 마음의 상처'라는 것은 어떤 의미일까? 여기서 '작다'와 '깊다'의 의미에 주목해야 한다. 상처가 작으면 무심코 지나쳐버릴 수 있다. 또 상처가 깊으면 숨어버릴 수 있다.

즉, 무기력을 작은 홈집 정도로 여겨 지나칠 수 있고, 깊숙이 박혀 잘 찾아내기 힘들어 치료가 만만치 않다는 것이다. 아이의 경우라면 더욱 그렇다. 아이의 마음에 깊숙이 박힌 상처를 제대로 치료하기 위해서는 다음의 여섯 가지 마음가짐이 전제되어야 한다.

하나, 다시 상처받지 않으려면 상처의 이유와 원인을 제거해야 한다.

상처를 무심하게 넘기면 더 큰 상처가 될 수 있다. 소독도 하고 제대로 치료하는 노력과 작업이 필요하다. 겉이 나으면 치료되었다고 생각할 수 있지만, 더 큰 상처가 깊숙이 숨어들어 있을 수도 있다. 상처가 완전히 아물도록 소독하듯이 상처나 아픔의 이유와 원인을 없애야 같은 일로 다시 상처받지 않을 수 있다. 만약 아이의 상처가 보인다면 "네 힘든 마음을 모두 알 수 없지만, 많이 힘들었다는 걸 알아. 해결할 수 있는 방법을 같이 고민해 보자."라고 말을 건네자. 그리고 아이가 입은 상처의 원인을 찾아 제거하면 된다.

둘, '호호' 불며 위로해 주어야 한다.

상처 난 아이에게 가장 먼저 해주어야 할 것은 안타까운 마음을 담아 '힘들었겠다. 괜찮아?'라는 위로의 말을 건네는 것이다. 외상뿐만 아니라 마음의 상처도 같다. 상처가 난 사람은 그것을 지켜보는 사람보다 훨씬 더 당황스럽고 속상하다. 상처로 경직된 아이의 마음을 '토닥토닥' 해주어야 한다. 미소를 머금은 표정으로 '괜찮아질 거야'라고 건네는 한마디는 치유의 효과가 있다. 어른으로서 아이의 상처를 따뜻한 마음이 담긴 언어로 어루만져야 한다.

셋, 치유에는 시간이 필요하다.

사람마다 치유의 시간은 다르다. 상처의 정도에 따라 차이가 난다. 기다림이 필요하다. 어느 정도의 시간이 걸릴지 누구도 쉽게 예측할 수 없다. 특히 마음 단련이 미숙한 아이들의 치유에는 더 많은 시간이 필요하다.

몇 년 전에 초등 4학년 아이에게 어떤 책의 내용을 설명하며 "죽음은 무엇일까?"라는 질문을 한 적이 있다. 아이는 "며칠 전에 제가 키운 강아지가 무지개다리를 건넜는데, 엄마가 그때 죽음에 대해 설명해 주셨어요. 보고 싶어도 볼 수 없는 거래요. 너무 슬프지만 참아내는 데 시간이 필요하다고 하셨어요."라고 답했다. 아이가 사랑하는 강아지를 잃은 상실감에서 벗어나는 데 시간이 얼마나 걸릴까? 계산할 수는 없다. 문득 '누군가를 열렬히 사랑하다 헤어지면 만났던 시간의 3배의 시간에 걸쳐 아픔과 허탈함을 추스른다'는 이야기가 기억난다.

무기력한 아이의 마음이 회복되는 동안 시간을 재촉하지 않고 기다려 줘야 한다.

넷, 나의 의지와 상관 없이 상처 났을 때는 공감과 위로가 최선이다.

본인의 잘못으로 상처를 입기도 하지만, 때로는 무방비 상태로 상처를 입기도 한다. 무방비로 당한 상처는 받아들이는 것조차 힘들 수 있다. 상처 자체의 아픔과 더불어 강한 허탈감을 겪을 수 있다. 이런 경우에는 무조건의 응원과 지지 그리고 격려가 필요하다. 체육 실기시험을 열심히 준비했는데, 시험 전날 몸을 다쳤다면 그 아이에게 필요한 것은 무엇일까? 정신력으로 버티라고 해야할까? 아니면 다음 시험을 기약하며 용기를 내라고 해야 할까? 둘 다 답일 수 있다. 그렇지만 일단은 상황에 대한 공감과 위로가 필요하다. "몸을 다쳐 힘들 텐데 준비한 시간이 떠올라 더 힘들겠다. 괜찮은 척하지 않아도 돼. 힘들어하는 모습을 보니 너무 맘이 아프다."라고 위로를 건네자.

다섯, 겉의 상처보다 내면의 상처가 더 치명적이다. 무기력은 내면의 상처이므로 어떤 모습이든 주목해야 한다.

표면적인 상처는 처음에는 충격이고 두려울 수 있지만 상황을 정확하게 인지할 수 있다. 반면에 내면의 상처는 이유나 설명을 들어도 그저 감으로만 느낄 뿐이다. 막연함이 주는 어리둥절한 느낌은 사람을 지치고 두렵게 한다. 마음의 상처를 받았음에도 웃고 있는 사람들을 볼 때 왠지 더 측은하고 마음이 무거울 때가 있다. 분명 힘들 텐데 괜찮다고 말하는 아이들을 그냥 지나쳐서는 안 된다. 힘들 때 혹은 실패했을 때 '짜증 나요' 혹은 '속상해요'라고 말하는 것이 정신적으로 더 건강하다. 내면의 상처가 밖으로 표출되는 순간 상처의 치유는 저절로 시작되기 때문이다.

여섯, 상처는 그대로 둔다. 단, 다른 무언가가 침범해 상처가 덧나지 않도록 보호해 주어야 한다.

상처가 나면 일단 그대로 두고 지켜보는 것이 좋다. 전문가의 치료가 필요할지 혹은 그냥 시간이 필요할지 단정 짓기 어렵기 때문이다. 높은 곳에서 추락한 사람을 돕는 기본적인 방법은 그 사람이 더 큰 위험에 빠지지 않도록 자세를 유지시켜 주고 주변 환경을 정리하는 것이라고 한다. 도움이 될까 하는 성급한 마음에 몸을 움직이게 하거나 치료 행위를 하는 것은 오히려 위험에 빠지게 할 수 있기 때문이다. 마음의 상처를 치유하는 과정도 이와 비슷하다.

친한 친구와 심하게 다투고 속상해하는 아이에게는 어떤 이야기를 해줄 수 있을까? 혹시 평소에 부모 마음에 들지 않았던 친구라고 해서 "그럴 줄 알았어. 그 애는 좀 이상하다고 엄마가 말했지?"라며 아이의 감정에 개입하지는 않았는가? 이런 반응은 아이에게 이미 생긴 마음의 상처를 덧나게 하는 것이다. 우선은 아이의 마음을 편하게 해주는 것이 중요하다. "마음을 편하게 가져. 친구도 마음이 많이 아플 거야. 혹시 오해가 있을 수 있으니 친구에게 나쁜 마음은 갖지 말자."고 말해 주도록 하자.

H
E
L
P
L
E
S
S
N
E
S
S

2 일상 속
10대의 무기력

10대의 심리와 정서

1980년대 고등학교 시절은 나의 암흑기였다. 친구들로부터 늘 고개를 떨구고 다녔다는 오래된 증언을 종종 듣는 것으로 보아 확실히 내 마음의 침체기였다. 졸업 후 재수학원을 오가는 버스 안에서 88올림픽 소식에 떠들썩한 세상으로부터 완전히 분리되어 사람들의 눈 맞춤도 부담스러워하며 쓸쓸함을 절감하는 시간을 보냈다. 그때는 부모님께서 걱정하실까 봐 고민도 속상한 마음도 혼자 삼키곤 했다. 지독한 통증의 위경련과 위장병을 앓으면서도 스스로 선택했다는 책임감으로 겨우겨우 그 시절을 지나왔다. 대학 합격으로 고통의 시간은 과거가 되어버린 듯했지만, 심리적 상처의 잔흔은 예상치 못한 복병으로 남아 있다. 여전히 나는 고등학생으로 돌아가는 악몽을 꾸기도 하니까 말이다.

2000년생 딸아이에 대한 나의 애착은 집착의 조짐으로 나타났다. 사춘기로 방황하는 아이가 나처럼 힘없고 외로운 10대를 겪지 않도록 돕고 싶었다. 그래서 "엄마는 친절하긴 한데 내 생각을 제대로 들어주지 않고 기억해 주지 않아서 힘들어요."라며 우는 아이에게 서운하다는 생각도 했다. 힘들어하던 아이가 스물두 살이 되고 나서야 그 시절의 나는 조급하고 서두르는 엄마였음을 알게 되었다. 마음에 안 드는 아이의 행동이 눈에 띄면 먼저 나서서 아이를 일단 막아서는 성급한 엄마였다. 나와 내 아이는 10대를 이렇게 지나왔다.

우리 사회에서 이제 무기력은 일상으로 자리 잡아버린 것 같다. 부모 자녀 관계로 긴 시간을 교감하면서도 알게 모르게 서로에게 크고 작은 상처들을 낸다. 아이들을 바라보면 바라볼수록 기대와 다른 현실 때문에 자꾸 좌절하게 된다. 부모이자 어른인 우리도 분명히 10대 시절을 거쳐 왔지만 내 아이의 모습은 많이 낯설다. 10대 아이를 제대로 살펴야 한다는 마음의 여유를 갖는 것조차 만만치 않다. 생각과 달리 무기력한 아이에게 실망하고 질책하게 되는 것이 현실이다. 무기력은 각자가 극복해야 하거나 어쩔 수 없는 것으로 무시당해서도 안 된다. 무기력은 어쩌면 나와 관계를 맺고 있는 사람들의 공감과 보살핌이 필요한 순간임을 알려주는 신호일지도 모른다. 따라서 무기력을 발견하면 그 이유와 증상를 이해하고 그것을 바꾸려는 노력이 필요하다. 그러기 위해서는 다음 질문을 스스로에게 던져볼 필요가 있다.

'나는 10대를 어떻게 지나왔을까? 그 시절이 어떤 마음으로 기억되는가? 특별했던 인생의 순간은 어떤 모습으로 우리에게 남아 있을까?'

에릭 에릭슨의 심리사회적 발달이론

독일 출생의 미국 정신분석학자 에릭 에릭슨(Erik Homburger Erikson, 1902~1994)은 '심리사회적 발달이론'의 대가이다. 프로이트의 영향을 받았으며 자아정체감 발달과정과 사회화를 연구했다. 자아정체감(아이덴티티; identity)은 주체성, 자기정의, 자기한계, 존재증명, 자각, 자기가치의 탐구를 통해 얻는 마음이다. 그는 '나는 무엇인가'의 답을 찾아감으로써 8단계의 심리사회적 발달과정을 설명한다.

8단계 중 5단계가 청소년기(12~18세)에 해당되는 정체성 vs 정체성 혼돈(Identity vs Role confusion)의 시기이다. 그는 이 시기에 청소년들은 신체적, 심리적으로 급격히 변화하여 혼란에 빠지기 쉬우며 스스로 자아정체감을 느낀다고 설명한다. 좋아하는 것과 싫어하는 것을 통해 개인 취향을 알아가고, 미래 목표를 예측하며 자신의 운명에 대해 고민한다. 현재의 나는 누구이며 미래에는 어떤 모습이고 싶은가를 결정하려고 하며, 자아정체감을 확립해 나가는 시기이다. 반면에 감수성이 예민해지며 심리적 갈등은 강해진다. 어른들의 조언은 잔소리로 들리고 선생님이나 부모의 칭찬조차도 부담스러워한다. 질책에 대해서는 강한 거부감을 표시한다. 자신이 희망하는 모습을 독립적으로 만들어가려는 주체성과 정체감이 표출되고 어른들의 권위를 거부한다. 이 시기의 청소년들은 성인으로 취급받고 싶은 욕구를 갖는다.

아이와 어른의 가장 큰 차이는 의지와 독립심이다. 청소년기가 되어 자아정체성을 갖기 시작하면 더 이상 아이로 취급당하고 싶지 않다는 생각을 하게 된다. 이 시기에 부모는 자녀의 태도와 생각을 존중해야 한다. 특히 다른 사람들 앞에서 어린아이 취급을 해서는 절대 안 된다. 자녀가 스스로에게 기대를 갖고 그에 걸맞는 규칙을 정해 기꺼이 책임질 수 있도록 도와야 한다. 부모는 아이가 좀 더 구체적이고 명확한 지침을 갖고 스스로 해 낼 수 있는 독립적인 과제를 제시해 주는 것이 좋다.

하비거스트의 생애주기별 발달과제

다음은 미국 교육학자 하비거스트(Robert James Havighurst, 1900~1991)가 제안한 생애주기별 발달과제이다. 인간이 성장하면서 반드시 성취해야할 과업 중에서 성공은 행복감을, 실패는 불행감을 느끼게 한다. 10대에 해당하는 아동기와 청년기의 특징에는 차이가 있다.

| 아동기와 청년기 발달과제의 특징

아동기(6-12세)
- 지식 : 기초학습 기능인 읽기, 쓰기, 계산과 일상생활의 기본 개념 이해
- 정서 : 성장하는 나로서 사회에서의 역할과 가치관을 갖게 됨.
- 기능 : 운동경기에 필요한 신체기능 습득

청년기(12-18세)
- 지식 : 시민에게 필요한 개념과 공동체 윤리의식의 실천 지침
- 정서 : 남녀역할과 어른으로서 정서적 경제적 독립에 대한 욕구가 강해짐.
- 기능 : 어른으로서 직업을 갖고 사회적 활동에 필요한 역량 갖추기

아동기와 청년기는 지식, 정서, 기능 측면에서 다른 인생과제가 있다. 시기별로 삶에 필요한 성취과제를 이행해 나가면 건강하고 성숙한 어른이 될 수 있다는 점을 기억하자.

10대의 무기력

　10대 아이들의 정체감과 역할의 혼란스러움을 설명하는 에릭슨이나 인지-정서-기능 발달과제의 성공적 수행의 중요성을 제안하는 하비거스트의 이론에는 동의한다. 다만 무기력의 시점으로는 좀 더 생각해 볼 필요가 있다.

　예를 들어, 10대 청소년은 '부모나 어른으로부터의 정서적 독립'을 원한다. 그러나 실제 행동에서는 부모에게 의존적 행동을 하고 철없는 표현을 서슴없이 한다. 행동과 마음 사이에 나타나는 큰 차이가 그들의 심리를 더 혼란스럽게 한다. 물론 어른들도 심리 불안정이 있지만, 청소년기 아이들이 실제 느끼고 체험하는 심리와 행동은 보다 더 극단적이다. 그들은 불안함과 무력감을 많이 느낀다. 10대 이전 시기에는 부모나 어른에게 일단 기대고 의지하는 태도를 취함으로써 안정감을 확보한다. 하지만 자아가 명확해지고 다양한 패턴의 사회관계가 생겨나는 10대는 기존의 관계 시스템을 거부하면서도 그런 상황이 어색하기 때문에 불편해한다.

　아동기나 청소년기 아이들의 무기력 증세는 누구에게나 존재한다. 증세의 수준이나 발생되는 시점, 그리고 지속되는 시간차만 있을 뿐이다. 무기력형의 아이가 있는 것이 아니라 무기력한 마음 상태의 시기가 있다는 것을 인정해야 한다. 이 시기 아이들은 어느날 갑자기 무언가를 하려는 의욕을 잃고 관심을 가지려 하지 않거나 어떤 일에도 감동하지 않는다. 무기력, 무감동, 무관심의 아이들이 되어버린다. 아이들의 변화는 스스로도 낯설기 때문에 부모나 가족에게 자신의 모습을 보이고 싶지 않다는 걱정으로 인해 얼굴 표정이 어두워진다. 아이들의 이런 마음의 변화는 고스란히 부모나 가족에게 전해지기 때문에 점차 갈등으로 점화된다.

코로나19로 가정에서 특히 엄마와 아이들이 함께 부대끼며 보내는 시간이 많아졌다. 2년이 넘는 시간이 흐르면서 엄마-아이들의 관계는 서먹하다 못해 극단적 감정파괴 수준에 이르렀다. 작은 행동이나 말투 하나에도 서로 상처를 주고받는다. 치유될 틈이나 여유도 없이 하루에도 수십 번 갈등과 포기를 오간다. 아이는 부모, 특히 엄마와의 대화 속에서 생각을 갖게 되고 행동을 선택하며 성장하게 된다. 그러니 엄마는 많은 생각을 해야 한다. 묵묵히 이야기 들어주는 엄마, 나의 방황을 가끔은 못본 척 하는 엄마, 이런저런 이야기를 나누는 엄마가 좋다. 아이의 사소한 실수나 마음에 안드는 행동을 지적하고 행동을 바꾸기를 종용하는 것은 실제로 아무 도움이 안 된다.

마틴 셀리그먼의 학습된 무기력(Learned Helplessness) 역시 누구에게나 한번쯤 찾아오는 부정적 느낌이다. 10대에 학습된 무기력 상태에 이르면 학습동기가 좌절되고 심하면 학습 포기 상태에 이르기도 한다. 무기력을 극복하고 회복하는 기회를 갖지 못한다면 성인이 되어서도 부정적인 자아상을 가지게 된다. 수학 학습에 무력감이 쌓이면 수

포자(수학포기자)가 되고, 관계에서 무기력이 반복되면 은둔형 외톨이가 된다. 이러한 무기력의 경험은 성인기에 연애/결혼/출산에도 부정적 시선을 갖는 '3포자'로 변질시킬 수 있다. 3포자에 집과 경력의 문제가 생기면 '5포자'가 된다. 5포자에 희망/취미와 인간관계가 덧붙여지면 '7포자'가 된다. 신체적 건강과 외모의 문제에 이르면 '9포자'이고, 이는 폐인, 그 자체다. 10대의 무력감이 무방비 상태로 치달으면 그 결과는 참담해진다.

특히 신학기가 되거나 새로운 학교에 입학을 하면 학교생활에 적응하느라 아이와 부모 모두 긴장한다. 아이가 대학 입학을 하면 부모로서 큰 숙제가 끝났음에 안심을 하기도 한다. 하지만 그때가 새로운 인생의 시작점이기도 하다. 10대 혹은 20대, 자신의 성장을 끊임없이 시도해야하는 아이들은 이렇게 시기별로 무력해 보일 때가 있다.

10대 무기력의 원인

일반적으로 10대 무기력의 결정적 원인은 두 가지다.

첫째, 좋아하는 것을 모른다.
둘째, 그로 인해 호기심과 열정을 잃어버렸다.

위의 원인은 자존감 상실로 이어져 결국 제로 상태에 도달했을 때 무기력이 정점에 달해 문제상황을 드러낸다. 그 상황 자체를 극복하거나 대처하는 것이 정답이지만 현실에서는 쉽지 않다. 무기력이 반복되면 무력감은 학습되어 습관처럼 되기 때문에 다른 방식으로 무력감을 극복하거나 제거할 수 있는 경험을 해야 한다. 수많은 사전 징후들을 통해 무기력이 표출되듯이 작은 노력과 도전이 무기력을 극복하고 자존감을 복원하는 최적의 해법이고 해답이다. 어떤 방법이 좋다라기보다 다양한 방법들을 자주 시도하는 것이 더 중요하다.

"무기력은 누구나 경험한다. 공부나 성적이 결정적 원인이기도 하지만 우연한 기회에 특별한 이유도 없이 무기력 상태가 되기도 한다. 전학을 갔거나 학기초 선생님에게 상처를 받았을 때에도… 상처를 치유하지 못하면 무기력과 회피로 된다."

"성적을 올리기 위해 간 소수정예 학원에서 천재같은 친구를 만난 적이 있다. 시간이 갈수록 좌절감이 들고 그 친구가 밉다는 생각이 들어 마음이 괴롭다. 이런 내가 마음에 안 든다. 이러다 이번 시험을 더 망칠 것 같다. 친구를 선의의 경쟁자로 생각해야 한다는 걸 알지만, 실제 내 마음은 그 친구가 없었더라면? 이라는 황당한 마음을 품었다. 다행히 원하는 성적을 받았지만 지금도 그때 그 친구 때문에 느꼈던 무력감은 얼굴을 화끈거리게 한다."

위의 글은 원하는 대학과 학과에 합격한 대학생들의 학창시절 무기력에 대한 이야기이다. 현재 성공의 결과로 귀결되었지만, 그들에게도 무기력을 느끼는 순간은 아찔하고 씁쓸한 기억인 듯하다. '멀리서 보면 희극이지만 가까이서 보면 비극이다'라는 찰리 채플린의 말이 떠오른다. 시간이 흐르고 나서 생각하면 모든 것이 그럴 듯하고 이해가 되지만, 그 당시 경험한 무기력의 경험은 마음의 잔흔으로 남아 문득문득 떠오른다.

1장에 나왔던 하인리히 법칙으로 돌아가서 무기력의 수준을 설정해 보았다.

 | 하인리히 법칙과 무기력

300 = 사소하고 지나칠 수 있는 마음 상처 = 일상 같은 무기력
29 = 일상의 무기력이 방치되어 생긴 마음 상처 = 일상 같은 무기력의 '변형'
1 = 무기력이 변질되어 생긴 큰 마음 상처 = 일상 같은 무기력의 '변질'

'무기력'이라는 프리즘을 통해 우리의 마음을 치유할 기회를 얻을 수 있다. 무기력은 인간다움을 보여주는 심리 현상임을 인정하고 담담하게 받아들이자.

일상에서 나타나는 무기력

무기력은 일상에서 어떤 모습으로 나타날까? 무기력은 사춘기 청소년들의 불안정한 상태의 특성과 거의 일치해서 평범한 모습으로 보일 수 있다. 청소년기는 유난히 신체와 심리 그리고 정서의 불일치가 큰 시기이기 때문이다. 역설적이지만 '일상같다=평범해 보인다'가 아닌

'일상같다= 당연한 모습일 수 있다'로 생각하자. 일상 같은 무기력은 누구에게나 찾아올 수 있는 당연한 일이다.

　일상에서 나타나는 무기력이 어떤 특징을 드러내는지 살펴보자.

| 일상 속 무기력 ① _ 무행동

무행동(inaction) ···› 무력감 / 상대방의 자극에 무반응한다.

"무행동은 겉으로는 우아한 듯 하지만, 나를 무시하는 왜곡된 자만감이다."
"하고 싶지 않다. 해도 안 되기 때문에 시작하지 않을 것이다."

　무행동이 반복되면 관성이 생긴다. 그래서 매력적인 기회를 자신의 실수로 놓친 사람은 이후에 다가오는 비슷한 기회에서 행동하지 않는다. 이것은 완벽주의의 다른 형태일 수도 있다.

　유치원 수업 모니터링을 했던 적이 있다. 만 4세의 아이 16명이 수업을 앞두고 줄을 섰다. 소근육 활동을 위한 '우비 입기와 장화신기' 게임을 하기 위해 두 팀으로 나누었다. 선생님의 활동 설명에 호기심 많은 친구가 우비를 입고 장화를 신는 제스처를 했다. 이 친구의 모습을 유심히 보던 눈에 띄는 아이가 있었다. 그 아이는 "선생님, 저는 이번에 안 할래요."라고 하며 줄에서 빠졌다. 두 번째 게임에서는 "선생님, 저 맨 앞줄에 세워주세요."라고 요구했다. "순서는 맘대로 정하면 안 되니까 원래대로 네 번째 줄에 서야 해."라고 선생님이 답하자 "그럼 안 할래요."라고 말하고는 뾰루퉁한 얼굴로 구석에 앉아 있었다.

게임 활동을 마친 후 담임 선생님께 아까 게임에 참여하지 않은 아이가 평소에도 그런 모습인지 물었다. 선생님은 그 아이가 늘 그런 태도를 보여서 걱정이라면서 고치는 방법을 고민 중인데 쉽지 않다고 했다. 이어지는 선생님의 설명을 들으니 아이의 모습을 이해할 수 있었다. "얼마전 어머님과 상담을 한 적이 있는데. 어머님이 아이에게 늘 하는 이야기가 있었어요. 잘하지 못할 것 같으면 안 해도 된다고, 아이에게 성공을 강조하셨다고 합니다." 이런 어머니의 조언이 혹시 아이를 완벽주의적 성향으로 치닫게 하는 게 아닌지 조심스러운 걱정이 되었다.

'이번에는 안 할래요'라는 첫 번째 거부는 아이가 다른 친구들을 관찰하고 싶은 마음이었다. '맨 앞줄에 서지 않으면 안 할래요'라는 두 번째 거부는 실패나 좌절보다는 포기를 선택하는 마음이었다. 무반응은 진지함이나 조심스러움이 아니다. 그냥 포기일 뿐이고 관계로부터 스스로 이탈하는 그릇된 선택이다. 행동을 하지 않으려는 아이가 무기력한 상태에 들어선 것은 아닌지 살펴볼 필요가 있다.

| 일상 속 무기력 ② _ 포기

포기(abandonment, give up) ⋯➔ **좌절의 출발점**

"포기는 불안과 두려움에 대한 자기방어 행동이다."
"더 이상 안 한다. 실패하는 경험을 하고 싶지 않아서이다."

열심히 노력하다가 하던 일을 그만두는 것은 당연한 선택일 수 있다. 하지만 그만두는 선택을 할 때는 신중해야 한다. 포기하는 것이 나쁘거나 잘못하는 것은 아니다. 다만 포기하는 이유나 상황이 타당해야 한다. 하지만 무기력한 상태에서는 타당한 이유나 상황 없이 쉽게 포기하려는 특징을 보인다.

고1 남학생 민준이는 소극적인 성격을 극복하기 위해 교내 토론대회에 참여했다. 4명씩 한 팀으로 구성되어 찬반 토론을 했다. 찬성팀에 속한 민준이는 토론을 위해 주말까지 매일 2시간씩 준비했다. 그러나 대회 당일 너무 긴장한 탓에 머릿속이 혼란스러워져 정작 토론에는 거의 참여하지 못했다. 자신이 속한 찬성팀이 승리해서 기분은 좋았지만, 참여하지 못한 자기 모습이 너무 창피했다. '이제부터 절대 토론대회 참석 안 해. 어차피 나는 노력해도 제대로 하지 못하니까'라며 기회를 놓친 자신을 스스로 혼냈다.

인간은 본능적으로 무언가를 잘하고 싶어 하고 때로는 주목받기 위해서 최선을 다해 준비하고 도전한다. 하지만 안타깝게도 모든 도전에서 성공하지는 못한다. 오히려 성공보다 실패하는 경우가 대부분이다. 그래서 성공을 했을 경우 감정적 쾌감은 더 강해질 수 있다.

교육과 상담을 하며 실제로 만난 청소년들은 실패에 대한 두려움이 가장 컸다. 어른에게 들키고 싶지 않은 그들의 자존심은 예상보다 엄청나게 컸다. 실패에 대한 두려움으로 반항과 회피를 선택하고 그것은 부모-아이 혹은 선생님-학생 사이의 갈등으로 재점화된다.

'아이가 공부를 힘들어하는 것은 자신의 생각을 드러내고 표현하는 것을 어색해하기 때문이에요. 수업 시간에 집중은 하는데 표현 자체를 너무 조심스러워합니다. 자신의 의견을 제시할 때 내용에 대한 탐색 의지와 논리를 갖고 있지만 너무 가끔이어서 안타깝습니다. 이 아이의 태도와 마음 상태는 그럭저럭 버티는 수준일 수밖에 없어요. 이 부분을 극복하지 못하면 아이와 엄마 모두 힘드실 것 같아요.'

고등학교 2학년 아이를 지도한 선생님이 엄마에게 드리는 짧은 이야기다. 이 아이는 언제부터인가 엄마와 소통이 쉽지 않다. 일상의 대화는 '예', '그럴게요', '제가 알아서 할게요', '나중에 이야기해요', '이번 주에 과제 있어서 친구를 만나야 해요'가 전부였다. 대화를 종료시키는 멘트나 상황을 전하는 말 표현이 전부였다. 딱히 혼낼 일도 아니고 잔소리를 더 하기도 애매하다. 갈등상태는 아니지만 서로를 조금씩 피하는 소강상태가 벌써 3년째다.

감정 표현이 드러나지 않는 이런 경우가 오히려 위험한 상태이다. 감정을 밖으로 드러낸다는 것은 소통 욕구가 존재한다는 것이지만, 아예 표현하지 않는 것은 소통 의지가 없다는 것이다. 유년 시절 어떤 경험이나 기억이 아이에게 이런 강력한 힘을 발휘했는지 추적은 쉽지 않았다. 다만 아이가 감성적이고 예민하여 실수에 대한 걱정이 지나쳤던 것 같다. 충분한 준비가 없이 뭔가를 해서는 안 된다고 자기를 통제하다 보니, 긍정적인 결과가 나타나기 전에 누군가에게 자신의 상태나 고민을 터놓는 것 자체를 스스로 용납하지 못한 것으로 보인다.

고립(isolation) ··· 자기애, 외로움 / 단절

"고립은 외로움에 대한 불합리한 선택이다."
"혼자 살 수 있다. 혼자가 좋다. 어차피 다른 사람이 나를 좋아하지 않는다."

남과 어울리지 않거나 스스로 외톨이가 되는 것은 개인 취향일 수 있다. 요즘처럼 온라인으로 관계 맺기가 이루어지는 분위기 속에서 고립이나 단절은 오히려 현명한 삶의 태도로 보일 수도 있다. 그래서 자칫 고립을 무기력의 모습이라고 여기지 않을 수도 있다. 그러나 SNS에서의 소통 문화를 자세히 관찰해 보면 주목받고 싶어 하는 인간의 속마음이 보인다. 부모와 갈등을 겪는 아이들이 자신의 방문을 잠그는 것도 '저 지금 너무 힘들어요. 제가 얼마나 힘든지 모르실 거예요'라는 소리 없는 아우성일 수 있다. 청소년기의 가장 큰 갈등이 친구 관계라는 점을 보더라도 10대들은 관계에 대한 욕구가 강하다.

가끔 '선생님 저는 친구에게 관심 없어요. 친구가 없어도 아무렇지 않아요'라고 당당하게 말하는 10대 청소년을 만난다. '왜? 친한 친구가 속상하게 했어?'라고 되물으면 '아니요. 친구 만나는 게 왜 좋은지 잘 모르겠어요. 그냥 혼자 있는 게 편해요'라고 담담하게 답한다. 이런 마음을 가진 10대들의 공통점은 사람 관계에 대한 기대감을 스스로 제거하는 소극적 마음가짐을 갖고 있다는 것이다. '내가 좋아하는 마음을 가져봤자 친구는 모를 거야'라는 패배주의적 생각에 지배당한다.

'나도 그 친구, 별로라고 생각해'라며 마치 내가 먼저 친구에 대한 관심을 내려놓았다는 소심한 자존심을 지키려고 애쓴다. 어른의 시선에서 이런 모습을 보면 답답하고 속상하다.

30년 만에 초등학교와 중학교 동창 친구들을 만나고 나의 10대를 떠올리며 묘한 감정을 느낀 적이 있다. 시간이 꽤 흘렀고 특별히 따로 만난 적은 없었지만, 친구들에게서 편안함과 든든함을 느낄 수 있었다. 솔직히 난 10대 시절에 내향적인 성격 탓에 친구 관계에 적극적이지도 않았고, 친구들과 많이 어울리지 않았다. 누군가가 나에게 어린 시절 친구 관계에 관해 묻는다면 많이 아쉽다고 답할 것이다.

흔히 어른들은 오지랖이 넓은 아이들을 걱정한다. 자신의 감정이나 일에 집중하지 못한다고 생각하기 때문이다. 그러나 나는 늘 누군가를 생각하고, 배려하고, 뭔가 해보려고 노력하는 10대를 응원하고 싶다. 적어도 골방에 자신을 가두고 소통을 포기하거나 무시하는 10대들이 아니었으면 한다.

| 일상 속 무기력 ④ _ 꾸물거림

꾸물거림(lag, procrastination) ⋯ 미루는 버릇

"꾸물거림은 계획의 필요성을 알지만 계획하지 않는 이율배반적 행동이다."
"시작 시점을 강요받고 싶지 않아요. 어차피 주어진 시간 안에 끝내면 되는 거니까요."

꾸물거림은 해야 할 일을 앞에 두고서도 계속 미루어서 결국 좋지 않은 결과를 초래하는 행동이다. 심리학자들은 '꾸물거림'과 '미루기'를 다르게 생각한다. 미루기는 단지 일을 조금 뒤늦게 처리할 뿐, 주어진 시간 안에 처리하고 결과도 나쁘지 않다. 반면에 꾸물거림은 의도적으로 시간을 끌거나 일을 미루며 그 결과는 나쁘거나 역효과를 낸다. 이때의 미루는 행동은 주어진 과제와 무관하거나 불필요하다는 함정이 있다.

꾸물거림은 학습코칭을 하면서 자주 목격하게 되는 무기력한 10대들의 특성이다. 갑작스러운 성적 하락으로 혼란스러워하는 학생들과 함께 계획표를 세우고 "잘될 거야!"라고 일단 응원한다. 그러면서 "선생님과 함께 세운 계획 동의하는 거지. 그럼 오늘부터 시작해 보자."라며 파이팅 분위기를 조장한다. 헤어진 후 "오늘 하루는 어땠어?"라는 질문을 던지면 "오늘은 학원 숙제가 많아서 선생님과 세운 계획은 내일부터 해보려고 해요."라며 답한다. 말투에는 긴장과 짜증이 느껴진다. "그렇구나. 그럼 내일 계획대로 해보고 밤에 선생님과 문자로 상황 공유하자."라고 적절한 수위의 제안을 던진다. 다음날 학생들은 어떤 답을 할까? "시작은 했는데 계획은 모두 지키지 못했어요. 내일부터 잘 해볼게요." 그 후 며칠이 지나면 아이는 답조차 회피하며 문자를 읽지 않기도 한다. 물론 모든 학생이 그런 것은 아니지만 처음 시작 시점에 머뭇거리면 적극성을 잃고 원래의 계획은 수포가 된다.

어른도 마찬가지다. 건강을 위해 운동을 시작할 때 우리도 마치 당연한 것처럼 습관적으로 계획을 포기한다. 머뭇거리거나 미루는 행동을 하면 스스로 실망감을 느낀다. 다음 행동으로 연결해 나가는 힘과 추진하는 용기도 없어진다. 시작 시점을 내가 정하지만 끝나는 시점은 스스로 결정할 수 없는 것 같아 허탈함을 느낀다.

| 일상 속 무기력 ⑤ _ 기만 / 회피

기만(deceive) ⋯⋯▶ 속이는 마음
회피(avoidance) ⋯⋯▶ 꾀를 부려 마땅히 져야 할 책임을 지지 아니함.

"회피는 용기의 상실이고 선택장애다."
"내가 알아서 할 거니까. 걱정하지 말고, 신경쓰지 않았으면 좋겠어."

무기력은 기만하는 행위, 무시하면서 회피하는 마음으로 나타나기도 한다. 옳지 못한 방법을 써서 속여 넘기는 것을 나에게 적용하는 것이다. 이런 현실을 직면하는 것을 두려워하기 때문이다. 때로는 자신의 실체가 드러나는 것을 원치 않은 마음에 대한 선택이다.

딸아이와 엄청난 갈등을 일으켰던 시간이 떠오른다. 사춘기 아이는 마치 주문처럼 '내가 알아서 할 거니까 그만해. 자꾸 그러면 진짜 아무것도 안 한다'라며 감정 표현을 했다. 아이는 상황을 외면하고 회피하려는 모습을 보였다. 이렇게 중2 때부터 시작된 아이의 사춘기는 고2가 되어 절정에 이르더니 스무 살이 넘어서야 사그라들었다. 그때를 회상하면 숨이 턱 막히고 가슴이 차오른다. 누군가는 '그냥 내버려 둬. 아이들은 그때 다 그런 것 같아'라고 조언을 했지만 그때는 들리지도 않았다. 속상함을 넘어서 부모로서의 무력감에 멍해질 때쯤, 신기하게도 다른 사춘기 아이들을 가르치고 상담하면서 힘을 얻고 마음의 여유가 생겼다. 아이를 위한 행동이 잔소리나 구속이 되지 않기 위해서는 생각보다 많은 생각과 준비가 필요하다는 뻔한 지혜를 실천하기 위해 애썼다.

아이와 감정적 불편함이 심해지면 일단 그 자리를 피했다. 크게 심호흡하며 동네를 한 바퀴 돌다 보면 '어디야'라는 문자를 받는다. '조금 있다 들어갈게. 장 보러 나왔어'라며 슈퍼에 들러 우유를 하나 사 들고 들어간다. 1시간 정도가 적당했던 것 같다. 일단 감정이 가라앉고 나니 뭔가 서로의 눈빛을 바라볼 수 있는 여유가 생겼다. '미안해. 나도 생각하는 중이니까 나중에 이야기해'라고 아이가 마무리를 짓는다. 시간이 더 흐른 후 '나도 내가 잘못한 것 알고 있는데. 엄마가 재촉하면 내 잘못을 무시하고 엄마의 모습에 불만을 갖게 되는 것 같아. 그리고 엄마가 나의 못된 모습을 보았다 생각하니 속상해서 더 화를 내는 것 같아요. 미안해.' 아이의 마음을 듣고 나면 잠시 감정적인 여유가 생긴다. 이것이 가장 효과적인 방법이었다. 그렇지만 근본적 문제가 해결된 것은 아니라는 생각에 다시 고민이 시작되곤 했다.

| 일상 속 무기력 ⑥ _ 게으름

게으름(laziness) … 행동이 느리고 움직이거나 일하기를 싫어하는 태도나 버릇 / 회피, 합리화

> "게으름은 환경과 상황이라는 은신처에 자신을 방치하는 것이다."
> "오늘은 컨디션이 별로야. 내가 좋아하는 것도 없고.. 그래서 지금 생각중이니까 걱정 마."

스스로 행동하고 발휘할 수 있는 능력이 있음에도 실행 자체를 싫어하는 선택을 할 때가 있다. 이런 게으름의 숨은 원인이 사실 우울증, 공포 또는 스트레스일 수도 있다는 사실을 모르는 사람들이 많다. 또한 성공과 성취에 집착하는 우리 사회가 만들어낸 압박감으로 인한 증상일 수도 있다. 느긋함으로 포장될 수 있는 게으름이 무기력의 다른 얼굴일 수 있다.

시험 준비를 하거나 체력 관리를 위한 운동을 할 때 우리는 이런 경험을 종종 한다. '오늘은 계획을 세우고 내일부터 시작해야지'라고 하지만, 실제로는 시작이 계속 미뤄지는 상황인 것이다. 지금 당장의 현재는 계속 지나치면서 내일이면 제대로 시작할 거라고 생각하는 어리석은 선택을 하는 것이다. 현재 나의 상태를 스스로 매우 측은하다고 여기고, 게을러지는 자기 모습을 마치 '무언가에 실망해서 마음을 다친 것'으로 위장한다.

무기력으로 생긴 부정적 자아는 사회에 적응하지 못하는 존재가 될 위험을 내포한다. 학습된 무기력 상태의 모습은 다양하지만, 기본적으로 '자존감 제로 상태'라고 할 수 있다. 나를 믿지 못하고 나에 대한 존중을 멈춰 결핍 혹은 고갈 상태가 지속될 때 나타나는 인간의 행동 패턴이다. 멍하니 시간을 흘려보내는 모습은 사람이 가끔 누리고 싶은 여유와 편안함의 상태일 것이다. 하지만 간과해서는 안 될 것은 그 행위가 지나치게 잦아서는 안 된다는 것이다. 몰두하고 집중해서 해야 할 일을 한 후에 가져야 하는 느슨함이어야 한다. 실제로는 하고 싶지 않은 마음 때문에 부린 게으름을 어쩔 수 없는 상황 탓으로 돌리는 안타까운 상황은 종종 벌어지는 일이다.

"초등학교 때는 성적도 좋고 학교생활도 너무 잘했는데. 중학교 오더니 사춘기여서인지 공부도 하지 않고 방에 틀어박혀서 문을 안 열어요. 새벽 2시 넘는 시간까지 방에 불이 켜져 있는데 침대에 누워서 영상을 보며 시간을 보내는 것 같아요. 작은 소음이지만 음악 소리와 사람들의 말소리가 계속 들립니다. 당연히 아침에도 겨우 일어나고 아침 식사도 하지 않고 멍한 상태로 수업 들어요. 정말 걱정입니다."

"스무 살이 넘었는데도 아직도 공부에 적응하지 못해요. 전공도 스스로 선택했는데 공부도 열심히 안 하고 너무 늦게 자는 것 같아 걱정이네요. 시간도 안 지키고 그저 전공 공부가 생각과 다르다며 변명만 해서 속상해요."

게으름은 가끔 필요한 생활패턴의 여백 정도여야 한다. 시험을 끝낸 후, 방학이 시작된 날, 몸 상태가 별로일 때에는 최선이자 현명한 선택이 될 수 있다. 하지만 게으름이 길어지면 습관이 될 수 있다. 게으름을 피울 때는 시간을 정하거나 이유를 정확히 설명하면 조절할 수 있는 능력이 생긴다.

산만함(distraction) ⋯→ 어수선하여 질서나 통일성 없음 / 의사결정장애

"산만함은 작은 것에 만족하지 못하는 어설픈 방황이다."
"각각의 좋은 점과 나쁜 점이 있는데 선택해야 할까…. 그냥 지켜보는 게 현명한 거 아닐까."

무기력한 사람은 결정을 내리지 못한다. 한 가지를 선택하지 못하고 지속적해서 집중하지도 못하고 여러 자극에 분산된다. 현대인들은 지나치게 많은 정보를 접하고 다양한 SNS 활동으로 인해 자기 생각에 몰입하거나 집중할 기회를 놓칠 때가 많다. '검색하지 말고 사색하는 사람이 되자'라는 문구를 본 적이 있다. 과제가 주어지거나 문제상황을 접하면 우리는 스스로 고민하고 생각하는 과정이 없이 일단 인터넷 검색을 시작한다. 수많은 정보 중 자주 거론되거나 적당히 적합할 것 같은 내용을 선별해서 마치 자신의 입장인 것처럼 말한다. 이때 '나의 입장'은 검색된 정보일 뿐이고 진짜 나의 생각이나 마음이 정확히 반영되지 않을 수 있다.

이런 일들은 일상에서도 종종 벌어진다. 식당에 가서 '뭐 먹을까'라고 물으면 '아무거나'라고 대답하는 친구가 있다. 약속 장소를 정하면서 A는 골목길이어서 별로고 B는 리뷰 댓글이 좋지 않아 마음에 안 든다며 결정을 내리지 못한다. '그럼 어디로 할까, 네가 정해봐'라고 되물으면 '잘 모르겠어. 생각 좀 해 보자'라고 성의 없게 답을 한다. 그

순간 솔직히 만나고 싶은 마음이 사라져버린다. 상대를 배려해서 결정을 미루는 것이 아니라 자신의 의견 자체가 없고, 결정을 내리는 데 도움을 주지도 않기 때문이다.

　머칠 전 TV 프로그램에서 '선택적 함구증'으로 힘들어하는 10살 남짓한 아이를 보았다. 말을 하고 싶은데 답답해하는 아이의 모습을 보는데 아주 안타까웠다. 먹고 싶은 음료를 물으니 작은 목소리로 '콜라'라고 답하는 모습에 나도 모르게 '그래. 너무 잘했어. 고맙다'라는 감탄사가 나왔다. 성장하면서 자신의 목소리를 내는 당당해진 모습이 되길 기대하면서 '선택의 가치'에 대해 생각해 보았다. 선택은 그 순간 자신의 입장이며 동시에 책임이 따르는 중요한 의사결정이다. 선택은 가치관이며, 우리는 선택을 반복하면서 자기 삶의 모습을 정한다. 무기력은 이렇게 중요한 선택의 순간에 결정의 힘을 잃게 만든다.

3 위험에 빠진
무기력

일상의 무기력이 반복되면

일상은 반복된다. 무언가에 익숙해지면 그것이 마치 원래 나의 특성인 것처럼 빈번하게 나타난다. 반복되면 습관이 되듯이 무기력이 반복되면 무기력도 습관이 되며 그 힘은 강해진다. 일상 같은 무기력이 잦아지면 무기력의 뿌리는 더 깊어진다. 그리고 결국 무기력의 모습이 겉으로 나타나게 된다. 이렇게 일상에서 무기력이 반복되면 어떤 일이 벌어지게 될까?

| 습관적 무기력 ① _ 의존성

의존성(dependence)

···▸ 독립심 부재, 생각하지 않고 책임지지 않는 의도적 방치 행위

"내가 꼭 해야 하나… 기다리다 보면 누군가가 할 텐데…"

무기력이 반복되어 나타나는 의존성은 크게 두 가지로 볼 수 있다. 사람에게 기대는 '대인 의존성'과 외부적 환경이나 자료의 영향을 받는 '정보 의존성'이다. 대인 의존성은 다른 사람을 믿거나 신뢰한다는 것과 다르다. 자신은 노력하지 않고 다른 사람의 노력에 편승하는 무임승차(free-rider)이다. 정보 의존성은 쉽게 검색할 수 있는 정보에 의지하여 생각조차 하지 않는 위험한 상황이다. 노력하지 않고 생각하지 않는 것은 '나의 정체성'을 스스로 부인하는 것과 같다. 결국 스스로 무언가를 선택하고 도전해야 할 때 시작조차 하지 못하는 비극적 결말에 이를 수 있다.

모둠별 토론수업에는 동료 평가 항목이 있다. 요즘 학교에서 교사의 평가만큼이나 매우 강조하고 있는 항목이다. 7~8명 정도의 모둠원들이 주제 토론을 하면 특히 주의를 기울이는 지점이 있다. 토론을 시작하면 주저 없이 사회자 역할을 하면서 주도적으로 토론을 이끌어가는 학생이 있는 반면, 무임승차를 하는 학생들이 있다. 무임승차를 하는 학생들은 같은 모둠 친구들에게 완벽히 의존한다기보다 그 상황에서 자신이 해야 할 일을 하지 않고 취하기만 하겠다는 태도를 보인다. 친구들 이야기를 경청하지 않고, 혼자만의 생각에 빠지거나 화장실을 드나드는 척하며 전화하기도 하며 시간을 슬쩍 흘려보낸다. 모둠 활동을 위해 열심히 노력하는 친구들에게 고마워하지도 않는다. 유일하게 자신의 의견을 낼 때는 사회자를 정하거나 기록 담당자를 정할 때다. 본인이 그 일을 피하기 위해 다른 친구를 열렬히 칭찬하며 지목하여 일을 맡기기 위해 최선을 다한다.

무임승차는 특정 교과 수업에서만 발생하지 않는다. 그런 태도에 대한 페널티가 충격적인 정도가 아니면 그 학생들은 다른 수업에서도 기발한 아이디어로 무임승차를 시도하고 성공 시 쾌감을 느낀다. 무임승차를 반복하는 학생들은 학과 적응에도 어려움을 겪고 성적 역시 좋지 않다. 수업 시간의 표정은 '영혼 없는' 모습이며 생각하지 않는 것을 당연시한다.

| 습관적 무기력 ② _ 불복종

불복종(dissatisfaction)
···› 복종에 대한 비합리적 저항

"나에게 집착하며 주변이나 다른 사람의 마음과 입장을 살피지 않는다."
"왜 자꾸 나에게 신경질 내는 거야? 그럴수록 난 하지 않을 거야."

불복종이 나름의 가치가 있을 때는 어떤 경우일까? 국가의 법이나 정부 내지 지배 권력의 명령 등이 부당하다고 판단했을 때, 이를 공개적으로 거부하는 불복종을 한다. 이것은 시민으로서 용기 있는 선택이다. 불복종이 비폭력의 수단을 사용하는 저항일 수도 있지만, 간혹 그렇지 못한 경우도 있다. 이런 불복종에는 법에 따른 처벌과 희생이 따르니 시민들은 이를 감수해야 한다. 소크라테스의 '악법도 법이다'라는 명언이 있다. 법을 지키는 것이 자신의 입장을 객관화하는 출발점이라고 여기는 책임 있는 생각과 자세를 뜻한다. 악한 법이라고 해도 법이니 지켜야 한다.

그렇다면 버럭 화를 내는 아이는 자신의 불복종에 대해 기꺼이 책임지려고 할까? 아마도 그럴 생각이나 의도는 아니었다고 할 것이다.

무기력이 반복되면서 나타나는 불복종은 비합리적인 저항이다. 누군가의 요구나 정해진 규칙을 따르는 것 자체를 복종이라고 폄하하고, 본인의 행동을 합리화하고자 하는 것이다. 나의 부족한 면과 고쳐야 할 모습을 인정하지 않고 나의 자존감이나 자율 의지를 손상시키는 것에 저항한다는 왜곡된 생각이다. '내가 하지 않는다' 혹은 '화를 낸다'는 것은 타인이 나의 감정을 건드렸기 때문이라고 변명하며 완벽하게 타인에게 원인을 돌리는 비겁한 모습이다.

| 습관적 무기력 ③ _ 강제성

> **강제성(compulsion)**
> ⋯⋯▶ 억눌린 감정(repressed emotions), 의지 없이 지시나 명령에 복종하는 것
>
> "억눌린 감정은 겉으로는 배려하지만 속마음으로는 거부하는, 강제성에 대한 반항이다."

억눌린 감정은 상대가 원하는 대로 일단 따르지만 속마음은 불만으로 가득한 감정이다. 강제적으로 어떤 행동을 했다는 것은 그에 대한 자신의 선택이나 의지를 포기하는 것이다. '어떤 일을 했다'는 이유로 나름의 의미가 있다고 생각할 수 있겠지만 이것은 함정이다. 수동적으로 일을 수행하면 실제로 자기의식이나 역량으로 자리 잡지 못할 확률이 높다. 동의하는 마음으로 기꺼이 남의 의견을 따르는 것이 아니

라 불만 가득한 진심이 따로 존재하기 때문이다.

자신의 마음을 거부해야 한다는 강박관념으로 인한 강제성은 인간이 가진 고유성을 없애는 위험이 따른다.

초등 1학년 수아는 달리기를 좋아했다. 며칠 전 체육 시간에 달리기를 잘해서 선생님과 친구들로부터 칭찬도 많이 받았다. 달리기하는 자기 모습을 상상하기만 해도 너무 행복했다. 수아는 기분이 좋아서 엄마에게 달리기 선수가 되고 싶다고 말했다. 그때 엄마는 "달리기로 1등 하는 건 엄청 어려워. 달리기를 좋아하면 어차피 다른 운동도 잘할 테니까 체육 선생님이 되는 건 어때?"라며 자기 생각을 여러 차례 말했다.

초등 3학년이 된 수아는 엄마에게 자신의 장래 희망을 물었다. 엄마는 당황하며 장래 희망은 스스로 정하는 것이라고 말했지만, 수아는 그냥 엄마가 정해달라고 말했다. 엄마가 시킨 대로 하면 혼나지도 않고, 어차피 바뀔 것 같다는 게 이유였다. 그 이후로도 수아는 자신의 장래 희망에 대해 늘 엄마 의견을 물었다고 한다.

이 사례를 들으며 안타까웠던 것은 엄마의 의견에 강제성이 있었다는 사실이다. 겉으로 보기에는 제안 같지만, 달리기를 좋아하는 수아의 마음을 엄마의 해석으로 정리해 버린 것이다. 엄마는 "달리기가 왜 그렇게 좋아? 그때 어떤 기분을 느꼈어?"라고 물으며 아이의 생각이나 마음가짐을 섬세하게 살폈어야 했다. 그리고 "달리기를 더 잘하려면 어떻게 해야 할까?"라고 아이 스스로 자신이 해야 할 일과 마음을 챙기도록 도왔으면 하는 아쉬움이 있다.

> **낮은 자존감(low self-esteem)**
> ⋯⟶ 냉소주의, 자존감 저하, 외적·내적 모습에 대한 거부와 왜곡
>
> "늘 나는 그랬어요. 어차피 해도 그만, 안 해도 그만. 결과는 뻔하니까. 될
> 대로 되겠죠."

자존감이 낮은 사람들은 행복해지기 힘들다. 스스로 무언가의 압력을 느끼며 벌을 받고 있다는 착각에 빠지기도 한다. 실망스러운 자기 모습을 되뇌이며 힘 빼기를 시작한다. 하지만 이상하게도 마음이 가벼워지지도 편안해지지도 않는다. 그저 자신을 거부할 뿐이다. 나 자신이 실망스럽고, 다른 사람보다 못하다는 생각에 힘이 든다.

냉소주의는 다른 사람의 의도에 대해 불신을 갖는 마음 상태나 태도다. 야망, 욕망, 목적 등에 의해 동기부여를 받은 사람들에 대하여 믿음이나 희망을 갖지 않는다. 다른 사람을 향하는 냉소주의는 나를 향한 냉소주의적 행동과 마인드를 합리화하기 위해 다른 사람의 마음에 생채기를 낸다. 비판적이기보다 비관적으로 생각이 기운다. 대안을 생각하는 비판이 아닌, 대안 자체를 부정하는 비관적 태도는 활동이나 생각의 의미를 제거해버린다. 스스로 자신을 최악의 상태로 이끌고 가며, '이제 모르겠다, 될 대로 돼라, 이대로 폭망해 버려라'와 같은 생각을 하게 된다. 냉소주의가 극단적으로 발현하면 혐오로 발전되기도 한다.

동기 부족(lack of motivation)
… 성장과 미래에 대한 자기 불신

"자꾸 묻지 말고 그냥 두세요. 난 어차피 할 수 없으니까. 뭘 해야 하는지도
진짜 모르겠고, 아무 생각도 못하겠어요."

동기는 어떤 일이나 행동하게 하는 계기를 말한다. 동기가 부족하면 어떤 일을 하든지 비자발적이고 비적극적이며 무력하게 반응하게 된다. 특히 10대에게 중요한 학습의 1차적 힘은 바로 '동기'이다. 동기가 부족하면 당연히 학습 의지가 생길 수 없다. 동기는 하고자 하는 힘이자 용기로서 발전에 있어서 기본 전제조건이다. '하고 싶다'는 생각 자체가 없다는 것은 '하기 싫다'는 상황보다 더 무서운 비극이다.

가끔 백수가 꿈이라고 말하는 친구를 만난다. 친구는 '백수가 되면 여행을 하고 꼭 배우고 싶었던 것을 배우는 것이 꿈'이라고 말한다. 20대 중반부터 시작된 일을 30년 정도 하면 지치게 마련이고 지겹다고 생각할 수 있다. 또 다른 삶에 대한 계획과 도전을 갈망하게 된다.

그런데 정작 백수가 되면 그 꿈을 이룰 수 있을까? 친구의 모습을 보면 동기가 부족하다는 느낌이 든다. 제2의 인생에서 자신이 원하는 꿈을 현실화시키려면 그 이전의 시간을 열심히 보내야 한다. 그런데 막상 현재에는 성장과 미래에 대한 자기 불신이 가득해 보였다. 난 친구의 말이 그저 오랜 사회생활에 대한 허탈감으로부터 나오는 말이라고 생각한다. 만약 어떤 일에나 꿈에 대한 동기가 충만하다면 치열하게 움직이고 마음을 다해 노력하는 행위가 뒤따라야 하기 때문이다.

자기소개서의 필수 항목에 '지원 동기'가 있다. 대학의 학과를 선택할 때, 응모전에 지원서를 제출할 때, 입사지원서에 지원부서를 정해야 할 때 누구나 작성해야 한다. '지원 동기'에는 완벽함보다 치열함과 진심이 가치 있다고 평가받는다. '나는 이런 스펙과 실력이 있는 사람입니다'보다는 '나는 합격하기 위해 이렇게 최선을 다해 준비했고 진심으로 이 일을 원합니다'가 더 매력적이다. 마음의 의지를 분명히 밝히는 것은 그 자체로도 훌륭한 자기 어필이 된다.

| 습관적 무기력 ⑥ _ 콤플렉스

콤플렉스(complex)

⋯▸ 자신에 대한 선입견이 편견으로 자리 잡은 부정적 자아, 한계에 대한
  자발적 복종

"그건 절대로 안 돼요. 내가 해봤는데, 안 되더라고요. 내가 이렇게 잘 못하
 는 것을 알아서 힘 빠져요."

콤플렉스는 스스로 죄책감을 느끼게 한다. 콤플렉스는 정신분석학의 개념으로 서로 다른 구조를 가진 사람 마음속의 힘의 존재다. 누구나 약하거나 혹은 강력한 콤플렉스를 지니고 있다. 콤플렉스 자체가 문제는 아니지만, 편견이나 그릇된 가치관으로 확정되는 것은 위험하다. 콤플렉스는 상황을 왜곡시켜 보게 만들고 시간이 지나면 점점 중립적이고 객관적인 시각을 갖기 힘들어진다.

나에게는 대중 앞에 서는 것을 힘들어하는 오래된 콤플렉스가 있

다. 사진이나 영상 속 나의 모습을 보면 늘 뭔가 불안해 보이고 표정이 굳어 있다. 대중 앞에 서는 것을 대부분 어려워하지만, 솔직히 그런 나의 콤플렉스에는 숨기고 싶은 왜곡된 자존감이 담겨 있다. 나의 모습이 누군가에게 적나라하게 비치는 것에 대한 부담감과 잘 해내지 못할 때 느낄 창피함에 대한 두려움이다. '잘하지 못하고 부족하다'는 겸손함이 아닌 '완벽하지 못할 때 기분이 너무 나쁠 것 같다'는 교만함이 대중 앞에 서는 나를 계속 주저앉힌다. 마치 미리 자책하면 남들이 나를 부정적으로 평가하지 않고 '괜찮아'라고 위로를 해줄 것이라고 생각한 것 같다.

요즘 비대면 수업이 잦아지는 탓에 Zoom 화면에서 수업과 코칭 활동을 한다. 처음에 나는 어색함을 어떻게 견딜지 고민이 되었다. 비대면이어도 여전히 '대중 앞에 서는 두려움'이라는 콤플렉스는 작동한다. 수업 시작 전부터 계속 안절부절못하고 수업을 시작한 후에도 잠시 동안은 어리바리하다. 조금 적응이 되면 화면 속 나를 살피기 시작했다. 눈치를 보는 듯한 불안한 시선, 빠른 말의 속도, 한쪽으로 고개를 갸우뚱한 모습을 보면서 다시 한번 콤플렉스에 대해 생각한다. 하지만 '내 목소리가 영상에 담기면 이렇구나' 혹은 '영상 수업에서 어울리는 옷의 색깔은 뭐지'라는 호기심과 신기함을 느끼기도 한다. 만약 수업을 끝까지 외면하고 회피했다면 이런 경험을 끝내 하지 못했을 것이라고 생각하니 위로가 되었다. 조금 어설퍼도 횟수가 거듭될수록 나아질 수 있다고 생각하면 여유가 생긴다. 콤플렉스로부터 완벽하게 벗어날 수는 없더라도 나를 해치는 수준의 콤플렉스로부터의 탈출은 가능하다.

나의 약점과 한계를 외면하기 위해 애쓰다 실패하면 그 모습을 통해 콤플렉스가 생긴다. 콤플렉스를 통해 나를 부정적으로 생각하게 하는 것은 나에 대한 비겁함이다. 콤플렉스는 없애는 것이 아니라 기꺼이 인정하는 태도가 필요하다.

무기력의 변질 : 무기력을 방치했을 때

반복되는 무기력의 상황을 방치하면 어떤 상황에 이르게 될까? 아이와 어른은 각자 어떤 마음을 갖게 될까? 무기력이 습관이 되어 반복되면 심리적 허망함과 정신적 무너짐이 진행된다. 그러면 결국 '무기력의 변질'에 이르러 위험 상황에 처할 수 있다. 특히 10대의 경우에는 마음과 다른 왜곡된 모습으로 나타난다. 부모 입장에서 무기력이 변질된 자녀를 보게 되면 깊은 고민에 빠질 수밖에 없다.

10대 무기력의 변질 : 치유 불가 수준의 아픔과 상처

"인생은 활동하는 가운데 존재하며, 무기력한 휴식은 죽음을 뜻한다."

- 볼테르(Voltaire, 1694~1778. 프랑스 계몽주의를 대표하는 비판적 지식인)

지금의 아이들이 살아가야 할 세상은 부모나 어른이 살아온 세상과 완전히 다르다. 어른조차도 개인의 마음을 추스르고 관리하는 것이 쉽지 않은 현실이다. 10대 아이들을 세상에 그대로 방치해서는 안 된다. 혹시 상처로 남은 마음은 없는지, 나았다고 생각하는 상처가 여전히 치료가 필요한 건 아닌지 살펴보았으면 한다.

| 10대 무기력의 변질 ① _ 분노

> 분노(anger, rage)
> ···› 방향성을 잃은 통제불가의 노여움, 과하게 격분한다
>
> "이유 없이 그냥 참을 수 없다. 모두 싫다. 말을 듣는 것조차도 너무 힘들다."

화나 노여움은 인간의 자연스러운 감정이다. 살다 보면 부득이하게 화를 내고 격분하게 된다. 자기 생각이나 진심을 전하는 수준의 화를 담은 감정은 정신 건강에 도움이 되기도 한다. 때로는 불편함에 대한 자기 표현이지만, 자주 화내는 건 좋지 않다. 노여움을 적절히 처리하지 못하면 힘든 시간을 맞이하게 된다. 반대로 계속해서 억눌린 노여움은 대단히 부자연스러운 감정인 분노가 된다. 분노조절장애에 이르고 순간순간 자신도 깜짝 놀랄 만큼 자극적인 욱하는 기분이 든다.

분노는 사람을 향해서는 안 된다. 사람에게 분노의 감정을 푼다는 것은 매우 위험하다. 일탈로 이어질 수도 있고, 돌이킬 수 없는 사고를 저지를 수도 있다. 격한 감정이 상대방에게 흡수되는 과정에서 반감이 강해질 수도 있기 때문이다. 마음의 억압된 에너지가 서로의 감정을 건드려 더 강력한 화로 변질되면 모두에게 실패를 겪게 하고 후회가 따르는 상황으로 나타날 수 있다.

10대가 누군가에게 강한 노여움이나 분노를 느낄 때는 마음이 행동을 제어할 수 없기 때문에 절대 자극해서는 안 된다. 분노가 치밀어오를 때는 이성과 감성이 오작동 상태가 된다. 주먹으로 벽을 치거나 괴성을 지를 수도 있다. 물건을 던지거나 욕설을 내뱉기도 한다. '화가 나도 그렇게 행동하는 건 옳지 않아. 나중에 후회할 거야. 그만하자'라고 말하는 것은 전혀 도움이 되지 않는다. 시간이 지나 마음이 누그러지면 '사람을 향해 화를 낸다고 마음이 풀어지는 건 아닌 거 같아. 무엇보다 나 자신에게 전혀 도움이 되지 않아서 괜히 그랬다 싶어질 거야'라고 이야기해 주는 것이 좋다.

| 10대 무기력의 변질 ② _ 공포

> **공포(fear, panic)**
> ⋯→ 극단적 두려움에 대한 방어력 상실, 두려움, 마비시키다
>
> "너무 힘들다. 아무 것도 안 될 것 같아 무섭고 도망가고 싶다. 숨이 찬다."

두려움은 신이 인간에게 부여한 자연스러운 감정이다. 모든 아이는 두 가지 두려움을 가지고 태어난다. '높은 곳에서 떨어질지 모른다'는 두려움과 '엄청난 크기의 소음'에 대한 두려움이다. 하지만 무조건 두려움을 억제해야 한다고 가르치는 것은 옳지 않다. 두려움을 겪지 않아야 한다고 느끼도록 길러진 아이들은 어른이 되었을 때 자신의 두려움을 적절하게 처리하지 못하는 힘든 시간을 갖게 된다.

계속해서 억눌린 두려움은 대단히 부자연스러운 감정인 공포로 바

뛸 수 있다. 죽음을 위협받는 공포스러운 꿈에 시달리다 깨어나면 크게 한숨을 들이쉬며 살아있음에 안도감을 갖는다. 아사 직전의 아프리카 아이들의 퀭한 눈빛에는 공포의 감정이 숨겨져 있다. 가정폭력으로 기력을 잃은 아이들의 무표정한 모습 속에는 극단적 공포감이 깃들어 있다. 전쟁이나 위험한 환경의 피폐함에 맞닥뜨리면 누구나 심리적 힘을 잃어버린다.

공포감은 신체적 증상을 동반하며 건강을 해칠 수도 있다. 극도의 두려움은 외부와의 단절을 초래한다. 사람에 대한 불신으로 스스로 고립을 선택함으로 자기 폐쇄를 선택하는 위험한 상황으로 치닫는다.

| 10대 무기력의 변질 ③ _ 경멸

경멸(scorn)
··· 존재나 마음에 대한 위험한 자해 행위, 극단적 비판, 마음의 폐허

"나는 이렇게 무너지는 게 당연하다. 그냥 생각을 접어버릴 거다."

경멸은 극단적인 부정적 감정이다. 혐오와 달리 경멸이라는 감정은 오직 사람이나 사람의 행동, 경멸의 대상에 대한 자만심으로부터 비롯된다. 사람이나 그 사람의 행동을 싫어하고 무시하는 것이며 화와 함께 나타난다.

극렬한 비판이나 경멸의 모습은 미국이나 유럽에서 벌어지는 '인종차별'이 대표적이다. 외모로 사람을 평가하고 선천적인 특성에 대해 폄하하거나 이유 없는 무조건적인 비난을 하는 것이다. 이러한 혐오나

경멸이 나를 향한다면 이것은 정신적 자해 현상인 셈이다. 자살도 자신에 대한 혐오감이나 경멸이 더해질 때의 순간적인 선택일 수 있다. 자신에 대한 사랑을 부정하고 인간으로서 자기 모습을 스스로 외면하는 것이다. 숨기고 싶은 나의 무력감을 누군가에게 들키고 나면 '어차피 나는 안 되는 사람인데 뭐'라며 자신을 내동댕이친다. 실수이며 어쩔 수 없는 상황임에도 '완전한 포기'를 선택하고 모든 것을 부정한다. 그럼에도 사람은 본능적으로 자신을 지키고 싶고, 위로받고 싶고, 공감을 기대한다. 힘겨움이나 자포자기를 표현하는 말이나 행동은 어쩌면 나를 향해달라는 간절한 마음의 외침일 것이다.

| 10대 무기력의 변질 ④ _ 중독

> **중독(Addiction)**
> ···▸ 신체적, 심리적 쾌감을 가장한 자기파괴 행위, 마음의 부패 상태"
>
> "게임이 좋다. 학교는 자퇴하고 싶다."
> "계속 게임 화면이 떠오르고 깊은 잠을 이루지 못한다"

마음이 부패하면 되돌리는 것 자체가 거의 불가능하다. 부패는 이미 파괴된 상태를 뜻한다. '학교를 다니고 싶지 않다'는 판단이 모두 잘못된 생각은 아니다. 다만 자신을 파괴하고 현실에 대한 지나친 왜곡으로 인한 판단과 의견일 때는 매우 위험하다. '학교'라는 공식적 기관으로부터의 이탈은 개인에게 심리적 해방감을 주지 않는다.

우리 사회에서 10대가 학교 생활을 중단하고 다른 일을 시작하더라도 확실한 계획이 있고 책임감을 가지고 생활하면 개인의 선택으로 인정받을 수 있고, 그것으로 충분하다. 반면 무언가에 중독되거나 비합리적 신념에 의해 학교생활을 포기하는 것은 스스로 일상을 파괴하고 자신의 미래를 미궁으로 던지는 위험한 행위다.

중독과 덕후는 출발부터 다르다. 중독은 자기통제가 불가능한 상태이고 덕후는 다소 개인적이기는 하지만 특정 대상이나 객체에 대한 몰입 상태이다. 한 분야에 열중하는 공통점이 있지만, 중독은 소통 자체를 거부하는 반면 덕후는 소통을 통해 깊이를 더한다.

무언가에 몰두하고 집중하는 덕후 활동을 통해 내면의 자기를 위로하는 시간은 필요하다. 하지만 중독으로 자신을 해치지 말기 바란다. 중독으로 향했던 시간을 되돌리기 위해서 돌아오는 여정은 만만치 않음을 기억해야 한다.

| 10대 무기력의 변질 ⑤ _ 부적응

부적응(maladjustment)
⋯▸ 사회인으로서 나의 삶(역할)을 내팽개치는 거만함, 처벌이 필요한 사회 부적응 또는 통제불능 상태

"내 인생은 내 맘대로 살 거니까 뭐라고 하지 마세요."

10대의 부적응은 현실에 대한 무책임하고 무계획적인 저항이다. 가끔 시사 프로그램에서 방에 틀어박혀서 가족들과의 교류를 단절하는 사람들에 대한 기사를 다루는 것을 본다. 이는 자신이 속한 사회

에서 스스로 자신을 버리는 행동이다. 방이라는 작은 공간에 자신을 가두고 생각이 깊은 양 행동한다. 그런데 아이러니하게 자신에게 필요한 것은 거친 말투와 행동으로 가족들을 향해 요구한다. 이율배반적인 행동을 하는 셈이다. 본인이 고립된 삶을 선택했다면 모든 것을 개인이 해결해야 하는 것이 타당할 텐데, 막상 현실적으로 필요한 것을 요구하는 건 당연하다는 듯 당당한 태도를 취한다. '마음의 아픔이 있었고 그 아픔의 치유에는 더 많은 시간이 필요하다'고 강하게 어필하지만 솔직히 비겁한 자기표현이다. 관심과 애정도 필요하고 의식주의 기본 생활도 포기할 수 없으면서 가족이나 가까운 사람들이 감정받이가 되어 주기를 요구한다.

부적응은 가족이나 친구 관계에서 회복불능 상태에 이를 위험이 있다. 지금은 하고 싶지도 않고 할 수 없다며 강하게 자신을 변호하는 것이 선택의 자유라는 생각을 가질 수도 있다. 그렇지만 반복적으로 역할을 거부하고 부적응을 방치하는 것은 그로 인해 피해를 겪는 사람이 관계 단절을 선택하게 한다.

부모 무기력의 변질 : 부모로서 책임감과 상처의 공존

무력함으로 삶을 방치하는 아이와 생활하는 부모 역시 무기력을 넘어서 무기력 변질의 상황에 부닥칠 수 있다. 어른의 무기력 변질은 외면이고 무책임을 합리화하는 선택이다. 멈춤, 희망 없음, 좌절, 오해, 강박 스트레스를 통해 스스로 역할을 내려놓게 된다. 때로는 불가피한 상실을 경험하거나 건강의 위협으로 절망감에 쌓여 힘을 잃어버린 자신을 보며 당황스러워하기도 한다. 이때 어른은 어떤 선택을 해야 할까?

일단 아이들 입장에 서 보자. 10대 아이들의 무기력의 큰 원인 중 하나는 학습이다. 아이들이 공부나 학습의 주체임에도 그들은 내용이나 방법을 자유롭게 선택할 수 없다. 선택권 없이 주어진 것을 받아들여야 하고 그 결과는 책임져야 한다. 그런 아이들의 무거운 마음을 부모는 함께 껴안고 살아간다.

아이들의 학습은 성적으로 평가받는다. 덕분에 점수나 교내 수상 경력 앞에서 주체적인 엄마로서의 개인적인 생각이나 판단은 무장해제당하기 쉽다. 성적을 올리는 비법이나 좋은 대학을 보낼 수 있다는 정보에 당장 이끌린다. 그렇지만 내면 깊은 곳에서는 아이의 올바른 학습과 성장을 진심으로 원하기에 아이에게 진짜 필요한 공부는 무엇일지 고민하게 된다. 학교 교육에 대해 고민하다 보면 성적이나 점수로 환산되는 학습환경을 거부하는 멋진 부모가 되고 싶다는 충동을 느낄 때도 있다. 질 높은 삶을 위한 평생교육! 점수나 성적이 아닌 배움의 가치! 메타인지 사고를 가진 자기주도적 학습 습관! 너무 절실하고 중요하지만 현실적으로 초·중등 학교에 다니는 아이를 둔 엄마에게는 이상적인 구호에 불과하다. 내 아이를 바라보는 현실에 맞닥트리면 부모는 갑자기 힘을 잃어버린다. 우아한 이성은 작동을 멈추고, 성적이 직접적으로 와 닿는다.

아이의 실수와 부족한 면을 적나라하게 보는 과정을 거듭하면서 부모는 어른으로서의 자신을 외면하기 시작한다. 아이를 향했던 가치관이나 어린 시절의 가졌던 간절했던 '꿈'을 접어버린다. 현실과 자신의 무능감을 탓하며, 때로는 사회 변화와 환경 때문에 어쩔 수 없다고 이야기한다. 자신의 진실된 내면의 목소리를 외면하고, 아이에게 공감의 단절을 선포한다. 이것이 부모 무기력 변질의 시작일 수 있다.

| 부모 무기력의 변질 ① _ 멈춤

멈춤(stall, stop)

⋯ 아이 인생에 대한 어른, 보호자로서의 역할 포기

"열 살도 넘었는데 이제 공부든 뭐든 네가 할 일이지. 엄마가 인생 대신 살아줄 수도 없는데. 네 인생이니 네가 알아서 해."

　나도 10대인 아이를 향해 네 인생이니 네가 알아서 하라고 말을 한적이 있다. 부모에게 이런 말을 들었다며 허탈해하는 아이들과 이야기를 나눈 적도 있고, 부모들의 후회를 접하기도 했다. 갓 태어난 아이에게 간절히 건강만을 기원하던 부모는 커가는 아이를 지켜보면서 마치 피할 수 없는 운명인 것처럼 실망한다. 노력조차 하지 않는 모습에 실망하고, 자기 할 일을 대충 하는 모습에 실망한다. 그리고는 독립된 존재로서 아이를 인정한다는 논리를 들이대며 각자의 인생을 살자고 말해버린다. 이런 말을 던지고 나면 마음이 편할까? 아마도 쉽게 답하지 못할 것이다. 적어도 부모로서의 자기의 삶을 존중한다면 혹은 아이의 희망적인 미래를 원하는 부모라면 아이를 향한 마음 주파수를 완전히 차단하지 못할 것이다.

희망 없음(no hope, avoid)
⋯› 아이의 미래에 대한 부정적 확언, 불확실성, 회피

"뭐라고 딱 확신할 수는 없지만, 애한테 큰 기대하지 않으려고 해요."

부모가 아이의 미래에 대한 비관적인 감정이 치밀어오를 때 드는 마음 상태이다. 망양지탄(=큰 바다를 바라보며 탄식한다), 어떤 일에 자기 자신의 힘이 미치지 못할 때에 하는 탄식이다. 아이의 잘못된 태도와 선택을 지켜보면서도 부모로서 무력감을 느낄 수밖에 없다.

영국 출신 화학자이며 물리학자인 마이클 패러데이(Michael Faraday, 1791~1867, 전자기학의 아버지)는 불우한 어린 시절을 보냈다. 너무 힘든 시기였지만, 그는 그때를 절대 잊지 않았다. 훗날 유명한 과학자가 되었을 때 그는 자신과 같이 빈곤한 아이들을 위한 크리스마스 과학 강연을 열어 아이들에게 꿈을 전해주었다. 아이들의 미래를 함부로 예측하면 안 된다. 어른으로서 우리의 미숙했던 과거 시절의 모습을 떠올려 본다면 매우 무책임한 행동이다. 어떤 어른으로 성장할지 기대하며 지켜봐 주어야 한다.

좌절(hopelessness. despair)
⋯› 가장 어리석은 자기 포기 선언, 통제불능에 대한 굴복, 절망

"아무것도 할 수 없다. 무조건 실패할 거다."

좌절은 자신을 완벽히 부인하는 것이다. 부모로서 아이에 대한 좌절을 맞닥뜨리면서 스스로 실패자라고 생각한다. 아이를 통제할 수 없다는 사실에 굴복하고 절망하게 되는 것이다. 그러면서 부모는 오히려 아이가 아무것도 할 수 없을 것이라고 단정짓고 성공을 전혀 기대하지 낳게 된다. 이런 부모의 감정은 고스란히 아이에게 전달된다.

"권력이 일단 국민의 손에 들어왔을 때 다수의 지배가 허용되고 오랜 기간 동안 지속되는 실제적인 이유는 그들이 옳을 가능성이 가장 크거나 그것이 소수자들에게 가장 공정한 것처럼 보이기 때문이 아니라 단지 그들이 가장 힘이 세기 때문이다"

- 《시민의 불복종》(헨리 데이비드 소로, 은행나무, 2017)

'이 구절을 읽고 기존의 세계가 무너지는 느낌이 들었다. 이 책을 시작으로 존 스튜어트 밀의 자유론 등의 철학서를 읽게 되었다. 어떠한 사회적 질서나 특정 권력에 의해 나의 권리를 포기해서는 안 된다는 가치관을 정립하는 데 첫걸음이 되었던 책이다.'

10대 후반 학생이 작성한 서평이다. 사회를 생각하게 된 그의 모습과 삶에 대한 적극성과 대담함이 참 대견하다는 생각이 들었다. 아이들을 만날 때마다 느끼지만, 우리 아이들은 우리가 생각하는 것보다 훨씬 더 많은 잠재 능력을 가지고 있다. 어른이 되면 지금의 우리보다 더 감각적이고 훌륭한 시민이 되어 있을 거라는 희망을 품곤 한다.

좌절하면 절망감은 깊어진다. 좌절을 피할 수 없더라도 절망이라는 마음 습관으로 고착되는 것을 막기 위해서 애써야 한다. 나의 좌절을 질책하거나 무심하게 넘기지 말고 정성스러운 마음과 태도를 갖자. 아이들의 현명하고 힘찬 도약을 기대하며 말이다.

| 부모 무기력의 변질 ④ _ 오해

오해(ignorance)

···▸ 아이의 입장에 서 보지 않아서 생기는 마음의 오류 상태, 진실에 대한 무시, 왜곡

"네가 어떤 모습인 줄 알아? 다른 사람들도 너를 보면 실망해서 어이없어 할 거야. 어떤 사람도 너를 이해할 수는 없어."

아이의 무기력한 모습에 여러 차례 실망하여 부모의 무기력이 변질 되면 아이에 대해 오해의 감정이 싹트고, 아이를 무시하게 된다. 무시 하는 것은 진실을 보려는 것 자체를 포기한 것이다. 당연히 아이에 대 해 참혹한 평가를 하게 된다. 아이가 어떤 마음이었는지, 그럴 수밖에 없는 이유는 없었는지, 혹 지금은 후회하고 나아지려고 애쓰지는 않 았는지를 살필 여유를 챙기지 못한다. 아이의 입장을 긴 호흡으로 듣 고 이해하는 시간을 갖지 않는다. 내가 본 아이의 모습이 마음에 들 지 않아 꾸역꾸역 버티다가 스스로 폭발해 버린다. 아이에게 절대 해 서는 안 되는 표현도 서슴없이 한다. 그것도 마치 후회할 일이 전혀 없다는 듯, 확신에 찬 표정을 지으면서 말이다. 그러나 그 이후에는 더 위험하고 예기치 못한 상황이 다가올 수 있다.

아이의 진심이나 사실을 알아가는 것을 가벼이 여기는 태도는 아이의 자존감에 상처를 낸다. "잘할 때는 칭찬을 안 해요. 잘못할 때만 이야기하고. 왜 그랬는지 내 생각이나 상황은 들으려 하지 않아요."

아이는 자신을 무시하는 부모에게 이런 말을 건넬 것이다.

| 부모 무기력의 변질 ⑤ _ 강박 스트레스

강박 스트레스(stress)

⋯ 불안정한 미래를 예언하며 아이에게 상처를 줌, 정신적 여유로움의 미성숙 상태

"우리 아이는 잘 안될 것 같아요. 잘하는 것보다 부족한 게 너무 많아요."

강박 스트레스에 휩싸이면 예측 불가능한 상황에 대한 강력한 두려움을 느끼게 된다. 이런 상태가 되면 현재 상태를 직시하지도 못하고, 미래에 대해서는 나쁜 결과를 예견하고 지레짐작으로 미리 포기해버리게 된다. 일어나지 않는 현실에 대해서 미리 걱정하고 나쁜 상상을 하면서 자신이 가장 사랑하는 아이를 스스로 내려놓는다. 아이의 성장에 대한 기대를 미리 억눌러 버린다.

간혹 상담을 하다 보면 아이에 대해 칭찬할 때가 있다.

"민수는 웃는 얼굴로 인사하는 모습이 너무 보기 좋아요. 낯선 상황일 텐데 인사도 잘하고 점점 얼굴도 더 밝아져서 감사하네요." 이런 나의 칭찬에 부모님은 뜻밖의 답을 한다. "인사 잘하면 뭐 해요. 그것

도 어쩌다 저런 것 같아요. 어색하니까요. 발표도 잘하지 못하고 해야 할 말도 똑똑하게 잘 못해요."라며 자신의 아이를 헐뜯는다.

많은 부모가 현재 자신의 부족함이나 안타까움을 인정하지 못하고 역으로 아이들의 상태를 한탄하며 호소한다. 내 아이의 잘하는 모습도 많다는 것을 알지만, 기가 막히게 부족한 무언가를 찾아내어 평가 절하하는 경우가 많다. 우리의 과거는 완벽했는가? 창피한 모습을 덮고 살아가는 건 아닐까?

| 부모 무기력의 변질 ⑥ _ 무책임

> 무책임(irresponsibility)
> ···› 어른 역할의 무효과성, 책임 불능
>
> "나의 노력으로는 아이를 바꾸지 못할 것 같아요. 위로도 되지 못하고…"

무책임은 책임 회피를 합리화하는 태도다. 지금까지 부모로서 내가 한 노력은 최선이었고 진심이었는데 통하지 않았다, 그러므로 더 이상 할 힘이 없다는 선언과 같다.

어린 시절부터 운동을 좋아해 체대 진학을 목표로 한 학생이 있다. 너무 간절한 꿈이었지만, 안타깝게도 고 1 때 아킬레스건이 끊기는 부상을 입었다. 재활 훈련에 최선을 다했지만 체대 입시 준비에는 한계가 있어서 고 3이 되어 포기했다. 당연한 선택이었지만 체대 입시 준비가 무산되면서 방황이 시작되었다. 학교 등교도 거부하고 이제 자신이 할 수 있는 건 아무것도 없다는 표정이었다.

당시 지방에 근무하던 아버지는 아이를 자신이 있는 곳으로 데리고 와서 함께 아침 운동을 하며 입시 준비를 했다. 의기소침한 아이를 향해 아빠는 너를 위해 늘 노력할 것이고, 살면서 너에게 큰 힘이 되어주기 위해서 지금보다 더 열심히 살아가려 한다는 진심을 전했다. 2년 후, 아이는 실기시험 비율이 비교적 낮은 체대 입시에 성공했다. 매일 아침 아빠와 운동하며 기초 체력은 유지했고, 자신이 원래 좋아하는 체육 활동을 계속했던 터라 실기 준비에도 큰 어려움은 없었다. 바쁜 직장생활로 어린 시절 충분히 놀아주지 못했지만, 아이의 아픔과 성장을 함께하며 치유의 시간을 보낸 아빠의 모습은 멋졌다.

어느 교수님이 졸업생에게 전했다는 인사 내용이 생각났다. 책임 있는 어른의 모습을 보는 것 같아 오래 귀감으로 삼아왔던 내용이다.

'그동안 고마웠다. 함께한 시간은 내가 오래 기억할게. 그리고 하나만 부탁할게. 살아가다 문득 힘든 일이 생긴 순간 혹시 내 얼굴이 떠오르면 용기 내어 연락하고 찾아와줬으면 해. 좋은 소식은 바빠서 전해주지 않아도 서운해하지 않을게. 다만 선생님으로서 여러분의 인생 선배로서 잠시 힘을 더하고 싶어. 힘들 때 꼭 연락하고 찾아오면 아마도 그때부터 진짜 인연이 시작될 것 같아.'

아이가 부모로부터 이런 위안을 받는다면 살아가는 데 얼마나 큰 힘이 될까? 아이의 무기력으로 인해 부모까지 무기력 변질의 늪에 빠지지 않길 바란다.

4 무기력과 마주하기

그들도 무기력했다

속도조차 체감할 수 없는 세상의 모습과 주변의 번잡스러움에 지치는 요즘이다. '말라 죽은 나무와 불이 꺼진 재'라는 뜻을 담은 사자성어 '고목사회'가 떠오른다.

왜 무기력이 자꾸 찾아오는지 생각해 보았다. 어쩌면 바쁜 현대인의 삶에서는 모든 사람에게 내재된 마음일 것 같다. 무기력에 대해 좀더 잘 알고 싶은 마음에 여러 인물의 삶을 들여다보았다. 세상의 주목을 받은 그들도 한때는 소외되었고 무기력했다. 그럼에도 그들은 주어진 무기력을 자신만의 방식으로 기꺼이 받아들였다. 무기력은 누군가에게는 오히려 새로운 전환의 출발점이라는 긍정적인 모습으로 나타나기도 했다. 그리고 그런 이들 곁에는 늘 누군가의 진심어린 격려와 응원이 함께 있었다. 그들을 살피면서 나의 무기력을 받아들이고 알아가는 시간을 가져 보자.

> "걷다 보니 길모퉁이에 이르렀어요. 모퉁이를 돌면 뭐가 있을지 모르지만,
> 저는 가장 좋은 게 있다고 믿을래요. 길모퉁이에도 나름의 매력이 있어요.
> 모퉁이 너머 길이 어디로 향하는지 궁금해요."
>
> "희망이란 말은 희망 속에 있지 않다는 것, 희망은 절망 속에서 피는 꽃이
> 라는 걸. 그 꽃에 이름이 있다면 그 이름은 아마 '그럼에도 불구하고' 일 거
> 라고."
>
> — 《빨강머리 앤》(루시 모드 몽고메리, 시공사, 2019) 중에서

　《빨강머리 앤》은 빨강머리에 주근깨가 있는 예쁜 상상력을 가진 고아 소녀가 무뚝뚝하고 비사교적인 독신 남매에게 실수로 입양되면서 벌어지는 성장 스토리를 담은 소설이다. 캐나다 출신 작가 루시 모드의 자전적 소설인데, 아이러니하게 캐나다 출판사에서 거절당하고 미국 출판사에서 발행되었다고 한다. 작가는 어린 시절 어머니를 잃고 아버지의 재혼으로 무딘 성격의 조부모님 밑에서 성장했다. 외로운 유년 시절 속에서도 넘치는 상상력과 해맑은 성격, 수다스러움과 밝은 에너지를 가진 주인공 앤은 작가 몽고메리와 닮았다.

　앤은 어린 시절 열병으로 부모님을 잃고 이집 저집을 떠도는 신세였다. 학교에서 인기가 많은 길버트는 누구에게나 주목받는 멋진 남학생이었지만, 빨간 머리를 가진 앤을 홍당무라고 놀리곤 했다. 빨간 머리는 얼굴이 주근깨투성이에 못생겼다는 편견 때문에 괴롭힘을 당하는 경우가 많았다. 앤은 창백할 만큼 흰 피부에 갸름하고 작은 얼굴 그리고 뚜렷한 이목구비라고 묘사되는 등 얼굴이나 이목구비 자체는 제법 예쁜 편이나 빨간 머리라는 이유로 절대 미인이 아니라고 묘사된다.

앤의 빨간 머리와 주근깨는 외모 이외의 의미도 담고 있다. 창백한 얼굴에 빨간 머리와 주근깨는 켈트족의 특징이다. 켈트족은 자연을 즐기는 특성이 있는데, 주류가 아닌 변방 민족이었고 민족적인 차별을 많이 받았다.

이처럼 앤은 태생이나 가정환경, 사회적 조건 모두가 결핍의 소외감을 안고 있는 인물이다. 그럼에도 앤은 무기력에 빠지는 길로 나가지 않았다. 긍정적인 생각과 진심을 다해 노력하는 삶의 태도로 인해 지금까지 우리에게 힘을 주는 작품 속 인물로 남아 있다.

> "나는 내 삶을 창조했다. 이전의 내 삶이 싫었기 때문에."
> "가장 용감한 행동은 자신만을 생각하는 것이다. 큰 소리로."
> "무미건조한 단조로움에 할애할 시간은 없다. 일할 시간과 사랑할 시간을 빼고 나면 다른 것을 할 시간은 없다."
>
> - 가브리엘 샤넬(Gabrielle Chanel, 1883~1971. 프랑스 패션디자이너)

프랑스 대표 명품에는 여성들의 로망인 샤넬 브랜드가 있다. 샤넬은 세계적 시사주간지 TIME에서 선정한 20세기 가장 영향력 있는 인물 100인에 선정되기도 했으며, 럭셔리 패션 명품의 아이콘으로 전 세계 사람들에게 영향을 주고 있다. 창업주인 샤넬은 12세에 어머님이 지병으로 세상을 떠나면서 힘든 유년 시절을 보냈다. 샤넬이 태어났을 때부터 관심이 없었고 키우는 데 부담을 느낀 아버지는 오버진 수녀원에 샤넬을 맡긴다. 부모 없는 외로움 속에서 그녀는 수도원에서 바느질을 배우며 10대를 보냈다. 우울한 하루하루를 보내던 샤넬은 성인이 된 후 수녀원에서 나와 일을 하기 시작했다. 선택할 수 없는 환경 안에서도 샤넬은 무력감을 이겨냈고, 그 힘은 창조성의 기초가 되었다. 아이러니하게도 샤넬은 바느질을 통해 재미를 느끼고 스트레스를 풀었다고 한다. 30세가 되던 1913년, 그녀는 드디어 샤넬을 창업하였고 의류사업을 시작으로 현재까지 독보적인 패션 브랜드로 자리매김하고 있다.

단순함과 블랙 앤 화이트의 핵심 색상과 이미지는 수녀복 의상으로부터 영감을 얻었다고 한다. 어머니의 부재와 아버지의 무관심은 오히려 그녀 스스로 단단해지고 홀로 살아가는 외로움과 절박함은 버티는 힘을 만들어 주었다. 수도원이라는 고립되고 통제된 환경은 그녀에게 몰입하며 깊은 생각을 하는 기회의 공간이 되었을 것이다. 어쩔 수 없는 결핍으로 닥친 무기력한 상황에서 그녀는 오히려 힘을 길렀고 세계를 매료시키는 디자인을 탄생시켰다.

"다른 관점에서 보라."
"카르페디엠(현재를 살아라)".
"진짜 하고 싶은 일을 찾았어!" ⋯▸ 꿈(dream)
"오, 캡틴! 마이 캡틴!" ⋯▸ 용기(courage)
"걷지 않을 권리를 행사하고 있습니다." ⋯▸ 도전(challenge)
"지금 그녀에게 전화하겠어!" ⋯▸ 사랑(love)

- 영화 〈죽은 시인의 사회(1990)〉 대사 중에서

미국의 명문 웰튼아카데미의 영어 선생님 존 키팅은 아이들의 단조롭고 경직된 삶에 새로운 시선을 주었다. 명문 학교에 다니거나 높은 점수를 받는다고 해서 학생들이 과연 무기력과 무관했을까? 학교에서 선발된 아이들은 점수나 등급에 대한 강박관념을 안고 살아간다. 늘 긴장 속에서 살아야 하고 남보다 우월해야 한다는 학생들의 불안감은 깊은 무기력으로 변질될 수 있었다. 키팅 선생님의 진심을 담은 교육의 행동과 메시지는 그들의 무기력을 자신을 인정하는 힘으로 재탄생시켰다. 엄격하고 규율에 의해 통제되는 분위기 속에서 키팅 선생님의 격려와 응원은 그동안 눌려 있던 아이들의 에너지를 분출시키는 결정적인 자극제가 되었다. 아이들은 꿈, 용기, 도전, 사랑이라는 희망의 주제 속에서 자신의 삶을 찾았다. 부모와의 갈등으로 꿈을 찾은 닐 페리가 죽음을 선택한 모습은 충격이었지만, 삶에 대한 깨달음과 자신에 대한 깊은 통찰은 그렇게 한 사람의 인생 경로를 뒤집을 수 있다.

'다른 관점에서 생각해 보라'는 키칭 선생님의 제안은 지금도 여전히 유효하다. '다른 관점에서 보라'는 닫힌 사고를 경계하고 열린 마음으로 생각하는 마음의 여유라고 생각한다. 확정된 하나의 목표 속에 나를 가두지 말고 나의 성장 과정 안에서 다가오는 다양한 모습이나 생각을 존중하는 것이 좋다.

"도움이 가장 필요한 사람이 왜 그걸 안 받으려 할까요?"
"필요할 때, 사실 우리는 가장 가까운 사람을 돕지 못합니다."

- 영화 〈흐르는 강물처럼(1992)〉 중에서

1993년 자전적 소설을 영화로 제작한 작품이며 명작으로 주목받아 2014년 재개봉되었다. 청록의 숲과 호수를 배경으로 주인공이 던지는 낚싯줄의 모습이 담긴 포스터가 인상적이다. 목회자인 아버지는 가부장적이지만, 어린 두 아들과 플라잉 낚시를 하며 많은 시간을 함께했다. 신중하고 지적인 첫째와 자유분방한 둘째는 형제로서 깊은 우애심이 있지만 너무 달랐다. 두 형제는 전혀 다른 삶을 살아가면서도 낚시하는 순간에는 한마음으로 통했다. 시간이 흘러 사고로 동생이 세상을 떠나는 안타까운 일이 생겼다. 깊은 슬픔에 빠진 아버지와 형은 상실감을 서로 고백하며 미처 나누지 못한 마음을 이야기한다. 아들을 잃은 아버지와 동생을 떠나보낸 형은 따뜻하게 품어주지 못했던 것을 아쉬워하면서 애절한 마음을 나눈다.

영화의 배경인 몬태나주는 미국 서부 산악지역이며 한적한 곳이었다. 집안 사정이 풍족하지는 않았지만, 소박하고 오롯한 그 공간은 가족에게 특별한 공간이었을 거라는 생각이 든다. 두 아들을 위한 아버지의 보이지 않는 노력은 성인이 된 형제가 아버지와 함께 낚시한 호수를 찾게 했다. 누군가에게 보일 만한 멋진 곳은 아니지만, 아버지와 아들에게는 그 어느 곳보다 소중했을 것이다. 남겨진 아버지와 형은 동생이 살아 있을 때 미처 표현하지 못했던 자신들의 행동을 후회한다. 아버지는 세상을 떠난 둘째가 '아름다운 아이였다'라고 말한다. 잦은 실수와 불안정한 생활로 가족에게 인정받지 못한 둘째가 만약 살아 있을 때 아버지의 속마음을 들었다면 얼마나 행복했을까? 가족이어서 그냥 알아주는 것이 아니라 가족이기 때문에 더 많이 표현해야 한다는 뻔한 생각에도 공감되었다.

가까이에서 오랜 시간 함께한다고 가족 구성원의 무기력을 바로 알아볼 수 있는 것은 아니다. 화려한 행사나 거창한 여행이 아니어도 일상에서 함께하는 마음을 느끼는 추억거리를 만들어보자. 겉으로 표현하지 않으면서 가족이니 당연히 서로의 속마음은 알 거라고 대충 넘기면 안 된다. 어색하거나 쑥쓰러워도, 때로는 다소 맥락이 없더라도 가족에게 '힘들지', '고마워', '고생했어', '든든해', '별일 없지', '힘들 땐 꼭 이야기해 줘'라고 웃으며 말을 건네자.

"끝이라고 생각할 때 시작이 이루어진다. 끝나는 곳이 바로 우리가 출발할 지점이다."
- T. S. 엘리엇(Thomas Stearns Eliot, 1888~1965. 영국 시인, 극작가)

"No를 거꾸로 쓰면 전진을 의미하는 On이 된다. 모든 문제에는 반드시 문제를 푸는 열쇠가 있다."
- 노먼 빈센트 필(Norman Vincent Peale, 1898~1993. 미국 저술가, 목사)

"이야기의 절정은 조용하며. 심지어 믿을 수 없을 정도로 평안하다."
- 《노인과 바다》(어네스트 밀러 헤밍웨이, 민음사, 2012.)

이상하게 나는 가장 소란스러울 때 그 안에 들어 있는 깊은 침묵을 느낀다. 반면에 가장 잠잠하고 무력함과 허탈감에 멍해지는 순간 머릿속은 가장 역동적인 에너지를 직감한다. 너무 기쁜 소식을 듣고 나면 들뜨기도 하지만 동시에 부담을 느끼게 되는 것과 같은 맥락이다. 여행 전날 준비하면서 설레지만, 막상 여행을 떠나면 어느덧 긴장한 마음이 소멸하는 것처럼 말이다. 기다리고 기대하는 순간, 그다음에 찾아오는 허탈감을 기꺼이 맞이할 준비가 필요하다. 무기력은 새로운 출발의 준비점인 것 같다. 새로운 출발이 무조건 강력한 파워를 가질 필요는 없다. 아주 천천히 다가올 수도 있고 순식간에 힘을 보여줄 수도 있다. 중요한 것은 반드시 힘으로 나타난다는 것이다.

> "나는 맘 편한 비사교적 인물. 거대도시에 사는 은둔자. 꼼꼼하지 못한 염세주의자. 페미니스트. 흑인. 전 침례교도. 그리고 야망, 게으름, 불안, 확신, 정열이 물과 기름처럼 뒤섞인 인물. 또한 10살짜리 꼬마 작가였던 어린 시절을 여전히 잊지 않고 있으며 언젠가 80세가 되어서도 계속 글을 쓰고 있기를 꿈꾸는 작가" (직접 쓴 자기소개)
>
> - 옥타비아 버틀러(Octavia Butler, 1947~2006. 미국 소설가)

옥타비아 버틀러는 1947년 미국 캘리포니아주 패서디나에서 구두닦이 아버지와 가정부 어머니의 외동딸로 태어났다. 일찍 아버지를 잃어 가난한 가정환경으로 힘들었고 난독증에도 시달렸지만, 책과 이야기에 대한 애정을 포기하지 않았다. 엄격한 가정 분위기에 내성적이고 수줍음을 타는 아이였으며, 외로움과 무료함에서 벗어나려 독서와 몽상에 깊이 빠져들었다. 그녀는 백인 남성 전유물이었던 SF 계의 문학적 성취와 상업적 성공을 거둔 흑인 여성작가이다. 다소 불행하고 힘들었던 유년 시절을 기억하고 작품으로 표현하는 용기가 글을 읽는 독자에게 자신의 숨기고 싶은 모습을 드러내고 인정하는 힘을 주었다. 내가 좋아하는 것은 곧 나를 지키는 힘이라는 것을 느끼게 해준 인물이다.

1950년대 미국 사회에서 흑인 여성으로 살아간다는 것은 보이지 않는 극단적인 차별 속에서 치열하게 버텨야하는 것이었다. 흑인이라는 인종의 특수성과 여성이라는 또 하나의 선입견에 맞서는 것은 상상조차 힘든 일이다. 자신의 노력으로 극복이 불가능한 상황, 자신이 선택할 수 없는 상황은 그녀에게 매 순간 무력감을 느끼게 했다. 그럼에도 그녀는 그런 상황을 감추지 않고 오히려 소설을 통해 현실과 아픔을 적나라하게 표출함으로써 강렬한 감수성을 전했다. 흑인 여성과 불우한 가정환경으로 인해 찾아온 10대의 무력감에 정면으로 도전하고, 슬플 때나 힘겨울 때 용기를 내어 감정을 표출했다. 그런 노력이 그녀를 작가로서의 삶을 살게 하였다.

"밥 좀 사주죠. 이지안입니다."
"나 좀 싫어해 줄래요? 엄청나게. 끝간데 없이. 아주아주 열심히. 나도 아저씨 싫어해 줄게요."
"아저씨가 왜요. 처음이었는데… 네 번 이상 잘해준 사람… 나 같은 사람. 내가 좋아하는 사람."
"고마워요. 다 털게 해줘서… 고마워요. 나한테 잘해줘서."
"죽고 싶은 와중에… 죽지마라, 당신은 괜찮은 사람이다. 그렇게 응원해 주는 사람이 있다는 것만으로 숨이 쉬어져."
- 드라마 〈나의 아저씨(2018)〉 주인공 이지안의 대사 중)

누군가에게 진심으로 의지하는 용기는 자신의 인생을 지키고 사랑하는 효과적인 방법이다. 살인과 가족을 잃는 10대의 격동적인 혼란과 아픔 속에서 21세 여주인공은 삶의 버거움을 이겨내기 위해 소리친다. 에둘러 하지 않는 직설적인 표현은 거칠지만 진심이 흠뻑 느껴졌다. 너무 슬퍼서 분노가 가득찬 지안의 눈빛은 반대로 진심으로 도움을 호소하는 느낌을 갖고 있었다. 이미 닥쳐버린 시련 속에서 버틸 수 있는 힘은 따뜻한 말 한마디, 따뜻한 미소가 어우러질 때 강력해진다. 아저씨와 동네라는 공간에서 어우러지는 사람들과의 짧고 무계획적인 교감 속에서 지안은 마음의 울타리를 경험하게 된다.

나 역시 답답하거나 당혹스러울 때 '따뜻한 말 한마디'를 생각하는 습관이 있다. 따뜻한 말을 담은 시를 읽거나 오래전 손 편지를 소리 내어 읽는다. 10대 아이들을 상담하면서 늘 잊지 않고 지키는 철학이 있다. 적어도 나를 만난 아이들에게 만남 자체가 좋은 기억이 될 수 있도록 그 아이를 위한 메시지를 고민해서 표현한다. "네가 그 일을 했던 때를 상상해 보면 참 흐뭇하고 멋진 것 같아." 혹은 "네 모습은 선생님에게 혹은 누군가에게 예쁜 모습으로 기억될 거야."라는 식이다. 조금 어색할 수도 있지만 10대에게 꼭 필요한 작은 노력이라고 생각한다. 우리 사회에서는 10대에게 부정적이거나 압박감을 느낄 수 있는 표현을 생각보다 많이 쓴다. 스치듯 만나는 인연일지라도 그 기회에, 그 지점에서 어른으로서 아이들을 향해 용기 내어 힘을 보태주도록 하자.

이 드라마는 자신이 처한 깊은 아픔으로 인해 다른 가족을 품지 못한 사람들의 이야기다. 일상에서 벌어지는 다양한 에피소드를 통해 가족을 생각하고 오해를 스스로 고백하는 드라마로, 평범하지만 마음에 꽂히는 대사가 인상 깊었다. 가족에게 아픔을 털어놓을 용기를 내기가 힘들었다는 주인공들의 마음에 무척 공감되었다.

가족이라서 함부로 이야기하고, 무턱대고 기대하고, 거침없이 불만을 터뜨렸던 경우가 있을 것이다. 드라마를 보며 나는 가족에게 어떤 노력을 했는지 생각해 보았다. 11년 전에 세상을 떠나신 아버지가 늘 마음에 걸린다. 아버지에게 받은 사랑은 미처 다 기억이 나지 않을 정도로 많았다. 나이 오십 정도가 되고 보니 완벽해 보인 아버지도 지금 내 나이쯤에 참 많이 외로우셨겠다는 마음이 든다. 아버지는 가족들 앞에서 단 한 번도 약한 모습을 보이지 않으셨다. 늘 한결같은 모습으로 든든한 버팀목이 되어주셨다. 그런 아버지에게 난 별로 해드린 게 없었다. 그것이 지금도 너무 죄송하다. 가족에게 우리는 늘 의도치 않는 실수를 한다. 조심도 덜 하는 것 같다. 미안하다는 말보다는 이해하고 참으라는 말을 더 많이 한다. 가족에게 말할 때 한 번 더 생각하자. 따뜻한 말 한마디가 무기력에 빠진 가족에게 힘을 줄 수 있다.

> "용기가 생명을 위급한 지경으로 몰고 갈 수 있듯이 공포심이 때로는 생명을 지켜줄 때도 있다."
>
> "장해나 고뇌는 나를 굴복시킬 수 없다. 이 모든 것은 분투와 노력에 의해 타파된다."
>
> - 레오나르도 다 빈치(Leonardo da Vinci, 1452-1519.)

 화가, 조각가, 발명가, 건축가, 기술자, 해부학자, 식물학자, 도시건설가, 천문학자, 지리학자, 음악가… 다 빈치의 직업은 볼 때마다 늘 놀랍다. 심지어 그는 멀리뛰기와 높이뛰기가 특기였다. 통섭과 융합의 대명사로 불리는 다 빈치는 현대 사회의 주목할 만한 인물로 빈번히 소환되고 많은 분야에서 그의 삶이 재조명되고 있다.

 레오나르도 다 빈치는 이탈리아 토스카나 지방 산골 마을 빈치에서 태어나 자랐다. 공중인 아버지는 사회적 신분이 낮은 어머니와 정식 결혼을 못 하고 결국 그는 사생아가 된다. 계모가 있음에도 조부모와 숙부의 슬하에서 자랐으며 일생을 독신으로 지냈다. 12명의 이복형제 속에서 자라면서 정식 교육은 받을 수 없었다. 14살 때 공방에서 교육을 받았고 독학으로 공부했다. 메모에 집착하는 평소 습관은 그의 능력을 발휘하는 핵심이 되었다. 불편함과 부족함을 오히려 기회로 삼았다. 마치 자신의 현실에서 완전히 이탈하여 새로운 인생을 살아가는 사람처럼 말이다.

 확정된 이론은 아니지만, 창의성을 갖춘 사람들의 특성을 조사하는 연구에서 '아버지의 부재'가 공통점으로 거론된 적이 있다. 가족에게 아버지는 든든한 경제적 후원자이자 울타리 역할의 대명사이다. 아버지의 부재는 이 부분의 결정적인 결핍을 의미한다. 특히 10대에 아버지의 부재를 경험하면 결핍의 아픔이 깊은 상처와 박탈감으로 이어진다. 하지만 역으로 생각해 보면 아버지의 부재가 안정감 대신 자유로운 창의성을 줄 수 있을 것이다. 아버지의 압도적인 힘을 느끼지 않기 때문에 보다 자유롭게 자신이 원하는 것을 선택하고, 가족을 위한 자신의 역할을 고민하게 된다. 이것이 연구 결과의 의미가 아닌가 싶다. 어려움이나 부족함은 오히려 사람을 단단하게 해주며 자립 의지를 갖게 할 수 있다. 결국 중요한 것은 자기에게 처한 상황을 인정하고, 그 안에서 자신이 나아가야 할 방향을 잡는 것이다.

"암이 사람을 죽이는 것이 아니다. 자신이 생각하는 절망에 죽어가는 것이다."
"인간이란 어려움 속에서 성장할 때 더욱 성장할 수 있다."
"희망은 최대의 무기다."
"ET 영화 대본을 들고 여러 영화사에 방문했지만 여러 차례 거절당했다. 포기하고 싶었다. 그런데 포기하지 않았고 결국 나는 영화감독이 되었다. 하버드대학을 중퇴할 때, 당시 이해 불가능한 영화로 도전하는 나를 믿고 끝까지 지지해 준 어머니 덕분이다."
- 스티븐 스필버그(Steven Spielberg, 1946~ . 미국 영화감독, 각본가)

스필버그 감독은 10대부터 영화를 만들기 시작해서 〈죠스〉, 〈인디애나 존스〉, 〈라이언 일병 구하기〉, 〈쉰들러 리스트〉, 〈쥬라기 월드〉, 〈맨 인 블랙〉, 〈트랜스포머〉 등 다양한 장르와 주제의 영화를 제작했다. 나의 10대에 가장 감명 깊은 영화는 스티븐 스필버그 감독의 〈인디애나 존스〉다. 그 영화는 고고학자라는 꿈을 갖게 해주었고, 지금도 그때 생각만 떠올리면 마음이 설렌다.

지금은 큰 성공을 거둔 인물이지만, 그의 유년 시절은 생각보다 녹록하지 않았다. 작은 체구 때문에 왕따를 많이 당했기 때문이다. 하지만 그는 좌절하거나 멈추지 않았다. 게다가 영화를 한다고 하버드대학을 중퇴할 때 기꺼이 그를 지지해준 어머니가 있었기에 그의 말대로 그는 지금의 자리에 오를 수 있었다. 든든한 지지를 받고 자란 그는 훗날 오히려 왕따시킨 친구를 자신의 영화에 출연시켜 진짜 친구가 되기도 했다.

실제로 나에게 이런 상황이 온다면 엄마로서 아이에게 담담히 이야기할 수 있을까? 아마 쉽지 않을 것이다. 어쩌면 다른 말로 아이의 생각을 바꾸기 위해 노력할 수도 있다. 하지만 자신의 무기력함에서 벗어나기 위해 용기를 낸 아이가 부모의 응원을 간절히 원할 때 부모로서 기꺼이 받아들이는 용기를 내야겠다고 생각해 본다.

> "사실 무기력은 너무 잘하려는 좋은 마음에서부터 시작돼요."
>
> "허리가 아파도, 컨디션이 나빠도, 하루라도 연습을 거를 수는 없었다. 얼음 위에서 울고 얼음 위에서 웃음을 되찾아야 했다. 슬럼프 저 너머에 보이는 무지개는 아득히 멀게만 느껴졌다."
>
> - 김연아(1990~ . 전 피겨스케이팅 선수)

툭툭 내뱉는 김연아의 말속에는 솔직함, 여유로움, 재치가 가득하다. 숨길 것이 뭐 있냐는 듯 자신감 넘치는 모습이 그녀를 더 빛나게 한다. 자기 관리, 카리스마, 음악, 연습, 재능, 스포츠, 멘토, 라이벌, 담력, 슬럼프, 솔직함… 김연아를 떠올리게 하는 단어들이다.

　부상이 발목을 잡았던 어느 경기에서 김연아는 끝까지 기권하지 않았다. 경기를 끝낸 것 자체가 기적이었다. 담력, 겁이 없고 용감한 기운, 강심장, 배짱, 용기, 대범함 등이 늘 그녀를 이끈다. 연아는 실수마저도 예측한 듯 당당하게 일어선다. "제 경기 볼 때 떨리세요?" 오히려 그녀가 묻는다. 그녀는 경기를 앞두고 긴장되지만 음악이 흐르는 얼음 위에 서면 연습하던 대로 하면 된다는 생각에 마음이 편해진다고 했다. 무기력의 원인을 잘하려는 좋은 마음에서 시작된 것으로 분석했던 그녀의 혜안이 그런 담력을 만들어냈을 것이다. 담력은 오랜 연습과 자신감이 만들어낸 또 하나의 작품이었다.

> "나는 살기 위해서, 살아가기 위해서 목숨 걸고 한 거였어요. 요즘도 그런 생각엔 변함이 없어. 배우는 목숨 걸고 안 하면 안 돼… 배우가 편하게 하면 보는 사람은 기분 나쁜 연기가 된다고… 한 신 한 신 떨림이 없는 연기는 죽어 있는 거라고."
> "연기 인생을 돌아보니까… 30대 말쯤에 나는 굉장히 처참했어요. 너무 심하게 바닥을 쳐서 정말 그때부터 열심히 연습했어요. 마음이 조금 편안해지기 시작한 게 쉰 살 무렵이에요. 연기는 나 혼자서 끊임없이 장애물 경기를 하는 것과 같아요. 답 없는 길을 그냥 가는 것처럼."
>
> － 윤여정(1947~ , 영화배우)

　한양대 국문학과 중퇴와 유명인과의 결혼과 이혼 등의 사적인 수식어가 완벽하게 잊혀질 만큼 많은 작품에서 자신의 색깔을 보여주는 배우 윤여정. 1966년 데뷔해서 55년 동안 배우로 활동하고 있다. 2021년 93회 아카데미 시상식에서 여우조연상을 수상하면서 이제 많은 인플루언서가 주목하는 대중적인 인물이 되었다.

배우 윤여정을 인상 깊게 본 것은 〈윤스테이〉라는 프로그램이었다. 그전에는 당당하고 솔직한 중견 여배우 정도의 느낌이었다. 이 프로그램에서 외국이라는 낯선 공간에서 요리하고 손님들을 맞이하며 나누는 수많은 대화 속에서 그녀의 연륜과 깊이가 느껴졌다. 단순하지만 당당함이 느껴지는 그녀의 패션까지 가식적인 느낌이 없어 좋았다. 많은 사람이 이런 그녀의 모습에 열광하고 그 모습을 지켜달라고 응원한다. 그녀가 보여준 가식 없는 모습은 자신의 현재 상황에서의 불안을 직면하지만, 뒷걸음치지 않고 자신만의 호흡으로 살아가는 삶의 모습이었다. 누군가에게 보여지는 삶보다는 나에게 후회없고 당당한 삶을 살기 위해 노력했던 인생의 여정이나 노년의 나이에도 당당하게 자신을 숨기지 않는 모습이 참 보기 좋았다.

드라마나 영화의 장면과 대사, 시집의 한 구절, 인스타그램의 사진 한 컷, 유튜브의 동영상, 각종 매체에 소개되는 스토리를 보고 들을 때, 한 번쯤 메모하고 그것들이 전하는 메시지에 귀 기울이자. 힘 빠진 나에게 힘내라고 응원하는 누군가를 만나는 시간이 된다.

무기력의 특징

무기력은 누군가에게는 아픔이나 번뇌이지만, 인간은 스스로 그것을 이겨내고, 버티고, 결국에는 힘을 내어 다시 일어나는 삶을 선택한다. 그러려면 우선 무기력에게 지지 않아야 하고, 당황하지 않아야 한다. 무기력은 평범한 일상과 같이 존재하고, 언제든지 나에게도 찾아올 수 있음을 알고 무기력을 직면해야 한다.

무기력은 성장통이다 무기력은 각자 다른 시기에 겪을 수 있으며, 인간의 삶에 주어진 필수 조건이기도 하다. 일반적으로 성장통은 3~12세에 발생하는 신체적 증상으로, 아픔이 있지만 성장을 알리는 신호다. 무기력도 아픔이지만, 잘 버티면 성장의 힘으로 전환될 수 있다.

"아마도 무기력은 평생 우리 곁에 있을 것이다. 누구든 완벽하게 피할수 없는 발달의 한 모습이라 생각하자."

무기력은 피할 수 없는 한계이자 운명이다 살아가다 보면 어쩔 수 없는 장애물이나 한계로 아픔을 겪기도 한다. 불편함에 대해 하염없이 호소할 때도 있다. 때론 불현듯 나 자신에게 느껴지는 수치스러움과 부끄러움이 삶에 엄습할 때도 있다. 수치스러움, 부끄러움, 회피 등 자신의 실수나 부족함에 대해 자신을 부정하는 것이나 피할 수 없는 장애물에 복종하는 것을 치명적인 한계라고 여길 필요는 없다. 왜냐하면 인간이나 환경 모두 불완전체이기 때문이다.

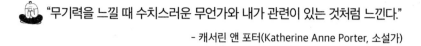 "무기력을 느낄 때 수치스러운 무언가와 내가 관련이 있는 것처럼 느낀다."

— 캐서린 앤 포터(Katherine Anne Porter, 소설가)

무기력은 자연스레 반복되고 내면화된다 무기력은 의도가 없어도 저절로 반복되어 학습된다. 습관으로 자리 잡으면 변화의 의지는 사라지고 점점 자신감도 떨어진다. 어떤 일이든 한 번에 성공하는 것은 거의 없다. 혹시 있다면 그것은 우연이다. 성공이든 실패이든 반복되면서 정착한다. 인간으로서 더 나은 삶을 희망하는 것은 당연하다. 무기력의 습관화를 이겨내는 것도 더 나은 삶을 위해 당연히 해내야 한다.

영국 커뮤니케이션 이론가 폴 스톨츠(Paul G. Stoltz, 1960~)는 아무리 지능지수(IQ)나 감성지수(EQ)가 높다고 해도 역경을 이겨내지 못하면 성장할 수 없다는 점에서 역경지수(AQ: Adversity Quotient)가 중요하다고 주장했다. 역경지수는 수많은 역경에도 굴복하지 않고 끝까지 도전해 목표를 성취한 능력을 지수화한 것이다. AQ는 실패를 거듭할수록 높아진다고 한다. 실패를 많이 겪어 본 사람은 역경을 이겨내는 능력이 발달하여 그만큼 성공할 가능성도 커진다는 것이다. 어려움이 닥치면 포기하는 자, 안주하는 자, 극복하는 자로 구분된다. 누구나 다 극복하는 자를 희망하고 그래야 한다고 생각한다. 그럼에도 현실은 그렇지 못하다. 어려움 앞에서 나는 어떤 선택을 해야 할까?

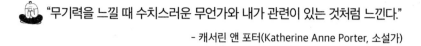 "당신을 무기력하게 만드는 것은 나쁜 일이 아닌, 그것을 경험한 후 나타난 잘못된 믿음과 결과 때문이다."

— 마틴 셀리그만(Martin Seligman, 심리학자)

무기력은 활동 부족의 결과물이다 사람들은 특정 환경으로 인해 무기력해질 수 있다는 착각을 자주 한다. 수업 시간에 선생님의 설명을 듣고 이해가 된다는 생각에 고개를 끄덕인다고 공부를 한 것은 아니다. 집중해서 내용을 되새기고 직접 적어보는 노력이 더해져야 진짜 공부가 된다. 하지 않고 할 수 없다고 속단하는 것은 비겁한 태도다. 스스로 자신을 무시하는 것이다. 지금보다 나은 나를 기대한다면, 무기력한 모습으로 계속 살아가고 싶지 않다면 일단 움직여야 한다.

> "꿈은 머릿속에 머물러 있는 명사가 아니라 다리로 발품을 팔고 손으로 움직이는 동사입니다. 지금 잠을 자면 꿈을 꾸지만, 노력하면 꿈을 이룹니다."
>
> - 워렌 버핏(Warren Buffett, 기업인)

무기력은 강박관념이나 왜곡된 마음으로 존재하기도 한다 무기력은 근거 없는 자존감의 왜곡된 저항이다. 무기력은 완벽과 질서에 대한 강박관념으로 나타나기도 한다. 완벽하지 못할 바에 시작하는 것은 바보 같은 행동이라는 생각은 오류다. 결과와 함께 과정을 인정하는 현명함이 필요하다. 이 세상에 완벽한 것은 없다. 완벽함을 향한 노력과 도전이면 충분하다. 다만 지금 시작해야 한다.

> "우리는 과거에 머물면서 과거를 치유하는 것이 아니라 현재에 충실함으로써 과거를 치유한다."
>
> - 마리안 윌리엄스(Marianne Deborah Williamson, 작가, 정치활동가)

무기력은 자신에게 가장 중요한 일에 대한 불만족으로 시작된다 10대에게 공부는 가장 민감한 주제다. 잘하면서도 완벽하지 못한 모습에 실망하기도 한다. 노력하지만 결과가 만족스럽지 못한 경우는 허다하다. 이때 많은 아이들이 자책하거나 포기를 선택한다. 공부를 성적으로만 환원하는 태도는 지양하자. 내가 해야 할 공부를 찾아가는 것만으로도 분명 성공적인 10대를 보내는 것이다. 불만족을 습관적으로 표시하는 것은 인간관계에서도 치명적 결함으로 나타난다.

> "나는 작곡가로 사는 동안 지식과 지혜의 원천을 통해서가 아니라 내 실수와 잘못된 추정을 통해 배움을 얻었다."
>
> - 이고르 스트라빈스키(Igor Stravinsky, 작곡가)

무기력은 가까운 사람의 무시나 소외로부터 시작된다 가족보다 친구가 소중하다는 생각이 들 때가 있다. 가족은 주어진 관계지만, 친구는 만들어가는 관계라는 생각에 마음을 더 기울이기도 한다. 10대에게 친구는 절대적인 존재다. 때론 같이 방황하고, 공감하고, 위로를 건네는 소중한 동료다. 그 시기에 친구에 대한 동질감 혹은 이질감을 느끼는 정도는 상상 이상으로 영향력이 크다. 친구 관계에 문제가 생기거나 갈등을 자주 겪으면 그 상처는 치명적일 수 있다.

> "친구 관계가 힘들어 부모님께 마음을 털어놓았다. '원래 그때는 친구 관계가 그래. 지금 친구가 얼마나 가겠어. 진짜 친구가 아니어서 그렇겠지. 그냥 친구 너무 좋아하지 말고 공부해.'라고 말씀하셨다. 내가 친구도 제대로 못 사귀는 아이같다는 생각에 자괴감이 들었다. 부모님과 더 이상 친구 관계에 대해 상의하지 않아야겠다."

무기력은 위험 감지, 불안에 대한 소극적 대응, 예민함의 단면이다 새로운 인생 주기에서 겪게 되는 낯섦이 무기력이 되기도 한다. 《나도 중년이 처음입니다》라는 책 제목 하나에 지하철 안에서 눈물짓던 나의 모습이 떠오른다. 중년에 대한 여러 이야기를 들은 적이 있지만, 실제 중년에 맞닥트린 나는 불안했고, 예민했었다. 10대들도 그들이 처음 겪는 시기에 드는 느낌이 당혹스럽고 낯설어서 긴장하게 된다. 그리고 그런 마음을 무기력의 행동으로 회피할 수 있다.

"10대에는 그 어느 때보다 예민하고 예측불가능한 불안함이 지속된다. 막연한 두려움은 상상을 넘는 수준이 된다. 갑자기 환경이 바뀌면 평소 예민한 아이들은 강렬한 불안감과 저항에 힘들어한다."

약점 과몰입으로 인한 무기력은 나만 느끼는 강렬함이다 자신의 약점은 자신이 가장 잘 안다. 나 역시 내 약점으로 인해 힘든 시기가 있었다. 나에게는 신체 콤플렉스가 있다. 좌우 다리 길이와 두께 차이가 표시날 만큼 크다. 남들이 보기에는 별것 아닐지 모르지만 나에게는 엄청난 무게감을 주는 문제였다. 10대 시절 예쁜 다리로 교복 치마를 입은 친구 모습에 의기소침했던 적도 많았다. 늘 나의 약점만 생각하며 아쉬워했다. 솔직히 남들은 관심도 없는데, 나 혼자 선천적인 나의 신체적 조건에 대해 늘 아쉬움을 가졌을 뿐이다.

반면 나는 나름 보기에 괜찮은 눈매를 갖고 있다. 날카롭지 않은 눈매 덕분에 웃는 모습이 보기 좋고, 웃을 때 따뜻함이 느껴진다는 이야기를 자주 듣는다. 사춘기 시절에는 그런 친구들의 부러움에 대해서 별 관심이 없었다.

학창시절에는 왜 그리 부족한 점들만이 내 생각을 지배했는지, 지금 생각하면 바보 같다. 다리가 마음에 안 들면 긴 스커트를 입는 등 방법을 찾으면 되었을 텐데 좌절하고 우울해하며 시간을 보냈던 것이다.

"행복한 사람은 있는 것을 사랑하고, 불행한 사람은 없는 것을 사랑한다."
— 레지나 브렛(Regina Brett, 작가, 칼럼니스트)

무기력은 의사결정에 대한 부담감, 실패에 대한 두려움에서 온다 부담되는 일을 해야 할 때 왠지 나의 모습이 부족하다는 생각이 들면 차분히 마음을 다잡고 내면을 직시해야 한다. 단계를 설정하고 차례로 실행하자. 부모의 이름으로, 어른의 마음으로 무기력을 만나자. '자포자기'는 자신을 해치고 자신을 버린다는 뜻이다. 절망에 빠져 말이나 행동을 제멋대로 하는 인생 태도를 가져서는 안 된다.

"실수는 충만한 삶을 위해 반드시 치러야 할 비용이다."
— 소피아 로렌(Sophia Loren, 영화배우)

"실패란 존재하지 않습니다. 다만 자신이 진정으로 누구인지 보다 뚜렷하게 집중할 수 있도록 살아가는 동안 실수할 뿐입니다."
— 오프라 윈프리(Oprah Gail Winfrey, 방송인)

H
E
L
P
L
E
S
S
N
E
S
S

PART 2

HELPLESSNESS

5 무기력
셀프 리셋하기

□ 낯설거나 어려운 문제상황이 생기면 도전하지 않고 '나는 할 수 없다'
　라고 말한다.
□ 작은 실패에도 쉽게 좌절한다.
□ 멍하니 앉아 있거나 허공을 응시하며 자주 시간을 보낸다.
□ 늘 지루해하고 매사 무관심한 태도로 생활한다.
□ 공부를 잘하고 싶지만 실천하지 않는다.
□ 작은 긍정적인 변화는 성공이라고 생각하지 않는다.
□ 선생님의 설명에 집중이 잘 안 된다.
□ 선생님의 질문에 자발적으로 대답하지 않는다.
□ 도움이 필요해도 도와달라고 표현하지 않는다.
□ 친구 관계에 소극적이고 힘들다는 생각이 자주 든다.

　아이에게 테스트 10개 문항을 읽고 자신에게 해당하는 항목에 체크하게 한다. 체크 항목이 5개 이상이면 '지금 학교생활이나 공부에 대해 무기력을 느끼고 있다'고 판단할 수 있다. 6개 문항에 체크했다고 지나치게 흥분하거나 불안해할 필요는 없다. 체크 리스트나 설문조사를 하다 보면 그 당시 마음 상태에 따라 답안이 바뀌기도 한다.

　다만 한 개의 문항만 체크하더라도 그냥 지나치지 말자. '무기력'의 전조 증상일 수 있으므로 잘 생각해야 한다. 몇 개의 항목에 체크했는지보다 어떤 문항에 체크했는지가 더 중요할 수도 있다.

　다음 페이지의 체크 리스트 설명을 보고 각 문항의 의미를 이해하여 아이들의 마음을 헤아려보자.

1. 낯설거나 어려운 문제상황이 생기면 도전하지 않고 '나는 할 수 없다'
   라고 말한다. ⋯⟶ 자존감 부재

2. 작은 실패에도 쉽게 좌절한다. ⋯⟶ 자신감 부재, 좌절감

3. 멍하니 앉아 있거나 허공을 응시하며 자주 시간을 보낸다. ⋯⟶ 무행동

4. 늘 지루해하고 매사 무관심한 태도로 생활한다. ⋯⟶ 현실도피

5. 공부를 잘하고 싶지만 실천하지 않는다. ⋯⟶ 자기에 대한 불신

6. 작은 긍정적인 변화는 성공이라고 생각하지 않는다. ⋯⟶ 자기효능감 부재

7. 선생님의 설명에 집중이 잘 안 된다. ⋯⟶ 주의산만

8. 선생님의 질문에 자발적으로 대답하지 않는다. ⋯⟶ 무반응, 회피반응

9. 도움이 필요해도 도와달라고 표현하지 않는다. ⋯⟶ 과잉 자존감

10. 친구 관계에 소극적이고 힘들다는 생각이 자주 든다. ⋯⟶ 대인관계 결핍

전체 경향성도 중요하지만, 무기력의 원인으로 각 문항의 의미를 알아야 한다. 무기력은 반복 가능성이 높으며 학습되기 때문이다. 예를 들면, 4번 문항만 체크한 학생이라도 지속적으로 계속되면 연쇄반응처럼 다른 문항도 Yes가 될 위험이 있다. 무기력의 가장 강력한 덫은 슬그머니 전염된다는 것이다. 2번 문항을 체크한 경우 실패 상황에 직면하면 자신의 능력 부족을 탓한다. 결국 자신감을 잃고 주변 환경을 자신이 바꿀 수 없음에 포기한다.

1개의 문항에만 체크한 아이더라도 평소에 무기력하게 느껴진다면 해결법을 찾는 것이 좋다. 무기력함을 보이는 행동에서 오히려 해결법을 찾아낼 수 있다.

무기력에서 벗어나려면

상담하고 수업하며 학생들을 만나 보면 아이들은 저마다 가슴 찡한 순간이나 결정적인 아픔을 겪었던 히스토리를 가지고 있는 경우가 많다. 부모님의 무관심이나 소통 부재, 선생님의 무심코 던진 한마디로 인한 상처, 친구와의 갈등으로 인한 좌절, 공부나 성적에 대한 자기 한계와 절망감, 형제 사이의 경쟁심, 경제적 부족에 대한 불편함, 신체조건에 불만족, 애완견이나 가까운 가족의 상실 등의 이유로 마음의 힘을 잃어버린다. 다행히 아이들은 다시 힘을 찾고 싶어 한다. 원래 자신의 모습을 찾고 싶어 하며 진짜 자신의 모습을 많이 궁금해한다.

'리셋(reset)'은 '제자리에 넣기'이며 '원래 자리를 찾는 것'이다. 인간의 마음 리셋은 '나 존중하기'와 '나에게 집중하기'의 결합체다. 혼란스러운 마음으로 10대를 보내고 있는 청소년들과 무기력하게 10대를 보내고 현재에 이른 어른들의 셀프 리셋을 위해 3가지 마음 약속을 하자.

셀프 리셋을 위한 마음 약속
- Resolve : 작은 것부터 다짐한다.
- Reescape : 나에 대한 부정적인 마음이나 남에게 받은 상처에서 탈출한다.
- Rethink : 나의 미래에 대해 다시 생각한다.

마음 약속이 준비되었다면 본격적인 셀프 리셋에 도전해 보자.

무기력 셀프 리셋 방법

무기력에서 벗어나고 싶어 하는 아이와 부모를 위해 7가지 셀프 리셋 방법을 소개한다. 공감되는 방법을 먼저 해보자. 시작하면 다른 방법을 연쇄적으로 시도하게 되는 놀라운 경험을 하게 될 것이다. 단, 개인차나 맞춤별 학습이 있듯이 어떤 방법이 우선되거나 더 강력한 효과를 낼 거라고 예측하지 않아야 한다.

| 무기력 셀프 리셋 ① _ 제로

> **제로(Zero)** : 나의 역량은 마이너스가 될 수 없다. 0에서 시작하자.
> ⋯ 마인드셋 / 자기효능감 인정
>
> 〔마음〕 적어도 인간은 마이너스가 되지 않는다.
> 〔행동〕 지금이 가장 힘든 때다. 이제 올라갈 일만 남았다. '무조건 지금보다 나아질 것이다'라고 자기 설정을 한다.

무기력은 '자존감 제로 상태'이다. '자존감'은 '자신의 존재와 가치를 인정하는 마음 상태'이다. 자존감을 갖기 위해서는 나를 제대로 알아야 한다. 좋아하는 것을 모르거나 열정을 갖지 못하면 누구나 무기력을 학습하게 될 수 있다. 학습된 무기력을 극복하지 않으면 단순히 성적이 낮아지는 것에서 끝나지 않는다. 인지뿐만 아니라 정서까지 무너진다. 실패한다는 것이 나쁜 것은 아니지만, 무기력 상태에서의 실패는 경험이 아니라 치유가 어려운 상처가 되기 때문이다.

그렇다면 자존감 제로 상태가 셀프 리셋에 어떤 도움이 되는 걸까?

중요한 것은 무기력 상태, 즉 자존감 제로 상태는 마이너스가 아니라는 것이다. 지금의 제로(0) 시점에서 시작하면 된다. 인간은 본능적으로 자신을 지키고 싶어 하며 존중받고 싶어 한다. 제로 상태에서는 조금만 노력해도 긍정적인 변화가 더해지기 쉽다.

단, 일상에서 반복적으로 무기력을 리셋하기 위해서는 선생님이나 부모의 지도와 지원이 필요하다. 단순히 '나의 능력은 제로(zero) 그 이상이다' 혹은 '마이너스가 될 수 없다'는 생각만으로는 안 된다. 생각의 리셋이 작은 실천으로 연결되어야 한다. 자신의 능력이나 노력으로 벗어나기 힘들다고 생각하는 무기력 상태이기 때문에, 도움을 받으며 의식적으로 노력해야 실천으로 이어질 수 있다.

미국의 심리학자 캐롤 드웩(Carol S. Dweck, 1946~)은 수십 년 간의 연구로 놀라운 사실을 발견했다. 스스로 아직 성장할 수 있다는 믿음이 있으면 인생을 바꿀 수 있으며, 마인드셋(mindset; 마음가짐)이 모든 것을 결정짓는다는 것이다. 그녀는 무기력한 아동을 대상으로 무기력을 극복할 수 있다는 실험을 진행했다. '나의 실패 원인은 노력 부족이다'라는 생각을 '노력하면 성공한다', '연습하면 성공에 도달할 시간도 줄일 수 있다'로 전환하기 위한 실험이었다. 행동 결과에 대한 원인을 '통제할 수 없음'에서 '통제 가능함'으로 전환하면 아동의 동기와 의욕은 복원이 가능하다는 결과가 나왔다.

사회심리학자 앨버트 반두라(Albert Bandura, 1925~2021)는 어떤 결과를 얻기 위해 필요한 행동을 자신이 얼마나 잘 수행할 수 있는가에 대한 판단을 '자기효능감'으로 설명했다. 자기효능감은 후속 행동에 영향을 준다. '이제부터 어떤 행동을 취할까', '목표를 이루기 위해 얼마나 노력할 것인가', '어려운 문제 상황이 닥쳤을 때 얼마나 끈기있게 대처할까'에 대해 예측 가능하다.

　자기정체감이나 자존감에 혼란을 겪는 무기력 상태에서 자기효능감을 챙길 때는 여러 요인이 동반작용한다. 나의 특성이나 능력, 문제상황의 특징, 사회환경, 가족이나 친구의 지지가 상호작용한다. 다만 자기효능감 만들기의 핵심은 나로부터 무기력의 원인을 찾아내려는 마음가짐이다. 나 자신을 바라보고 개선하려는 과정에서 무기력은 긍정적 변화와 성장에너지로 전환된다.

| 무기력 셀프 리셋 ② _ 거꾸로 보기

거꾸로 보기 : 나의 모습 중 마음에 들지 않는 점을 적어보고 그 반대의 생각을 상상해 본다.
···▸ **시선 전환**

〔마음〕 다른 사람의 눈에는 나의 모습이 평범해 보일 수 있다. 나의 약점도 다른 사람은 담담하게 지나칠 수 있다. 내가 마음먹기 나름이다.
〔행동〕 '남에게 상처를 잘 받는다'는 다른 관점에서는 '다른 사람의 마음을 섬세하게 읽는 습관이 있다'로 볼 수 있다. 역지사지의 마음에 대한 표현을 계속하며 마음 정리를 한다.

　나의 무기력의 단면을 보여주었던 것 중 하나가 '봄'이라는 계절이다. 새로운 기운이 넘치고 생동감이 느껴져야 할 계절에 오히려 마음의 의지나 힘을 잃어버리는 아이러니한 마음 상태를 겪었던 탓이다. 무기력했던 시절 나에게는 화사한 햇살과 다채로운 꽃들의 생생함이 늘 부담스럽고 힘들었다. 특히 3월 신학기가 되면 생동감과 기대감을 가지기는커녕 오히려 신학기라는 부담감과 불안함이 커졌다. 미국 태생의 영국 시인 엘리엇(T. S. Eliot, 1988~1965)의 대표적인 시 〈황무지〉에서 언급한 '4월은 가장 잔인한 달'이란 표현에 공감했으니 말이다. 시인은 4월이 진짜 잔인한 시간이라고 말하고 싶은 것은 아니었을 것이다. 오히려 삶이 주는 잔인함을 절절히 표현하기 위해 반어적 표현을 선택했을 것이다. 지금 생각해 보면 나 역시 3월과 봄을 싫어한 것이 진심이 아니었다는 생각이 든다. 출발점에 대한 기대와 희망이 혹시 실패로 인해 실망으로 변하지 않을까 두려움이 있었던 것 같다.

봄에 대한 이중적이고 역설적인 느낌처럼 누구나 스스로 마음에 들지 않는 부분이 있다. "괜찮아. 그럴 수도 있지. 난 오히려 너의 그런 모습이 여유 있어 보이고, 나와 달라서 좋아."라고 친구가 이야기해도 전혀 위로나 도움이 되지 않을 것이다. 분명 자신의 모습인데도, 늘 거슬린다. 신기하게도 치명적 결함처럼 보이는 그 모습은 고쳐지지도 않고 오히려 중요한 순간에 나를 부정적으로 자극하고, 자신을 믿지 못하게 만든다. 노력으로 고쳐지지 않고, 시간이 흐른다고 해서 변하지도 않는다. 어쩌면 나의 진짜 모습이지만 나를 가장 기죽게 만드는 모습일 수도 있다.

이렇게 마음에 들지 않는 나의 모습이 있다면 거꾸로 보기 방법을 활용해 보기 바란다. 두 가지 정도의 해법으로 풀 수 있다.

한 예로, 계획성이 없는 자신에게 불만이 많은 중 1 영우의 고민이다. "나는 과제 준비나 시험공부 계획을 제대로 세운 적이 없다. 급하게 계획을 세우다 보니 잘 지키지도 못하고, 결국 포기하고 만다. 결국 늘 실수할 것 같은 걱정도 되고 무엇보다도 어떤 일을 잘 해낼 자신이 없어서 속상하다." 이 고민은 어떻게 풀어야 할까?

첫째, 단순하고 가볍게 생각하자. 생각보다 다른 사람은 나의 그 모습에 관심이 많지 않다. 내가 예민할 뿐이다. 담담하게 자신의 모습을 받아들이고 다른 사람에게 피해를 줄 것 같은 상황이라면 나의 모습을 설명하고 고마움과 미안함을 표현하면 된다. "계획성이 없는 사람은 나 외에도 있다. 하지만 나는 내 자신의 약점을 잘 알고 있기 때문에 조심할 수 있다. 만약 다른 사람과 함께 일을 할 때는 나의 성격을 설명하고, 계획을 잘 세우는 친구나 동료에게 고맙다고 진심으로 인사하자."라고 가볍게 생각을 정리하는 것이 좋다.

둘째, 반대로 해석해 보자. 어느 지점에서 바라보느냐에 따라 풍경이나 모습이 바뀌기도 한다. 맘에 안 드는 혹은 부족한 나의 모습을 다른 관점에서 어떻게 볼 수 있는지 생각해 보자. "계획성이 없다는 것은 즉흥적으로 일을 처리한 경험이 많다는 것을 뜻한다. 낯선 상황이나 계획이 통하지 않는 일에 있어서 오히려 겁먹지 않고 용감하게 대처할 수도 있다."

다소 과한 합리화일 수도 있지만, 계획대로 움직이지 못하기 때문에 오히려 발달하거나 성장한 나의 또 다른 성격이나 모습을 잘 찾아보는 현명함을 발휘해보자. 역사에서 주목받지 못한 사건이나 인물에 대해 재해석한 《거꾸로 읽는 세계사》라는 책이 많은 주목을 받을 수 있었던 것도 같은 맥락이라는 생각이 든다. 영우가 '나는 계획성이 없어'라고 생각하며 계속 실망하지 않았으면 한다. 오히려 '계획성은 없어 아쉽지만, 다시 생각하면 더 중요한 것은 포기하지 않는 거야'라고 당당하게 자신을 인정하고, 스스로 미처 보지 못한 멋진 모습도 찾아보았으면 한다.

| 무기력 셀프 리셋 ③ _ 도움 요청하기

도움 요청하기 : "다른 사람의 고통을 느끼기 위해서는 힘이, 자신이 고통과 마주하기 위해서는 용기가 필요하다."
- 詩 〈힘과 용기의 차이〉 (데이비드 그리피스, 1875~1948) 중에서

⋯▸ 힘겨움을 꺼내어 손을 내밀 수 있는 용기

〔마음〕 지금 어려움이나 불편함을 꺼내지 않으면 그것은 내 마음 깊숙이 숨어버린다.
〔행동〕 고민이나 힘겨움을 고백한다. 물론 상대방의 의견을 경청한다는 마음가짐으로 해야 한다.

어른과 10대 아이의 대화는 보통 일대일 소통, 즉 2명의 소통이 기본이다. 소집단인 경우에는 어른이나 부모 숫자보다 아이나 학생 숫자가 더 많으면 대화가 잘 된다. 많은 수가 힘을 갖기 때문이다.

아이가 용기 내어 도움을 요청했을 때 중요한 것은 이를 들어주는 쪽에서 소통할 준비가 되어 있어야 한다는 것이다. 이를 위해서는 두

가지 조건이 갖추어져야 한다.

첫째, 두 사람이 서로 동등한 영향력을 가졌음을 인정해야 한다. A 가 B에게 지시하거나 일방적으로 설명하면 소통은 통로를 잃는다. 메시지 전달과 공유를 위해서는 힘의 균형이 유지되어야 한다.

둘째, 소통 내용을 상대방의 동의 없이 다른 사람에게 전하지 않는다. 가족이라는 이유로, 개인적인 이야기를 비밀로 하지 않고 전하면 당사자는 상처를 받게 된다. 가끔 가족 간의 예의를 너무 가볍게 여기는 경우가 있어 안타깝다. 더 많은 가족 구성원이 알게 된다고 무기력을 극복하기 쉬워지는 것은 아니다. 오히려 가족이기에 조심스러워야 하고 모른 척해야 할 때도 있다. 시간이 흘러 무기력 상태를 벗어난 후에 서로 마음의 여유를 갖고 이야기를 나누면 된다.

늘 한결같은 표정을 짓는 학생이나 아이들을 보면 어떤 마음이 드는가? 수업 시간에 어떤 말에도 웃지 않고 늘 어색한 미소를 머금은 듯한 표정을 지었던 여학생이 기억난다. 30명이 넘는 학생들 사이에 그 학생의 모습은 큰 관심을 끌지 못했다. 유난스럽거나 강한 호응을 하는 하는 학생들 사이에서 무심코 지나치는 학생일 수도 있었다. 1년 동안 그 아이를 지켜봤는데, 정말 신기한 느낌이 들 만큼 표정 변화가 없었다. 어느 순간부터 그 아이가 걱정되기 시작했고, 이야기를 나누고 싶은 충동을 느꼈다. 선생으로서의 직감이나 본능이 작동했으리라. 지도교수로서 자연스레 학업과 진로 상담을 요청할 수 있었다. 기본 상담을 마친 후 단도직입적으로 이야기를 꺼냈다.

T: 선생님이 궁금해서 질문 하나 할게. 오래 고민한 거니까 혹시 질문이 조금 부담스럽더라도 오해는 안 했으면 좋겠어.

S: 네. 괜찮아요.

T: 선생님은 ○○의 모습이 처음에는 참 보기 좋았어. 평온해 보이고, 침착하고, 감정이 너무 과하지도 않아서 오히려 덕분에 수업 시간에 안정감을 느낄 수 있었어. 고마워!

S: (조금 더 크게 웃으며) 네.

T: 그런데 요즘은 뭔가 마음을 닫고 있는 것 같아서 가끔 마음이 무거웠어. 좀 더 활짝 웃을 수 있고, 가끔은 어색해하는 것이 더 자연스러운 것 같은데… 선생님이 그 마음 꺼내기를 돕고 싶어. 지금 용기를 내주면 좋겠어. 더 시간이 지나서 학교를 졸업하고 사회에 가면 지금보다 마음에 담아둘 것들이 너무 많아질 텐데. 비워가면서 지냈으면 좋겠어. 선생님이랑 한번 해볼까.

S: (눈시울이 뜨거워졌다) 감사해요. 걱정해 주셔서.

T: 부모님이나 가족에게 꺼내기 힘든 이야기도 많은 것 같아. 가끔은 다른 누군가에게 이야기하다 보면 나도 몰랐던 나의 마음을 알게 되거든. 그러니 이야기해 줄 수 있을까?

S: 실은 제 표정이 그랬다면 아마 집안 상황 때문이었을 거예요. 너무 힘들다 보니 감각이 없어져 버린 것 같아요. 얼마 전 부모님이 이혼하셨어요. 따로 지내신 지 오래되어서 솔직히 아주 당황스럽지는 않았어요. 다만 떨어져 지내면서도 아빠가 술에 취할 때 가끔 찾아와 엄마에게 욕설과 막무가내 행동을 하실 때가 있는데

그게 너무 힘들었어요. 엄마는 아빠와 따로 지내면서 혼자 살림을 꾸려야하니 힘드시고…. 두 분이 서로 상처주는 말을 하는 시간이 길어지다 보니 제 감정을 없애야 견딜 수 있었어요. 그래도 다행인 건 이혼하신 후 엄마도 편해지시고, 아빠도 저에게 미안하다며 가끔 전화와 문자를 하세요. 남들은 부모님이 이혼해서 힘들다고 이야기하겠지만, 전 요즘이 더 편해요. 엄마와 아빠를 더 이상 미워하지 않을 수 있어서요.

T: 정말 대단하다. 그런 상황에서도 결석 한 번 안 하고 흐트러지지 않고 생활해서 너무 감사하네. 근데 방금 이야기하면서 평소보다 목소리가 커지고 얼굴 표정이 많이 느껴져서 좋았어. 지금 기분이 어때?

S: 이렇게 길게 이야기할 생각은 아니었는데, 선생님께 이야기하고 나니 마음이 더 편해졌어요. 들어주셔서 감사해요.

그 이후 수업 시간이나 우연히 마주칠 때 그 학생과 나는 특별한 눈인사를 나누는 사이가 되었다. 토론하는 모습도 보다 적극적으로 바뀌었고, 친구들과 수다를 떠는 모습을 자주 목격할 수 있었다.

도움을 요청한다는 것은 생각보다 대단한 것이 아니다. 자신의 치부나 결핍, 결함으로 여겨지는 것을 솔직하게 내보이는 것이다. 감정은 자꾸 덮어서는 안 된다. 상대방의 마음을 훼손하지 않는 범위 안에서는 솔직히 이야기하는 것이 정신적으로 더 건강하다.

> **우정** : 10대의 친구는 찐 우정 관계이다. 친구와의 우정은 서로에게 최선의 것을 추구하려는 마음이다. 다수의 호의보다 보물 같은 한 명의 친구로부터 받는 진심을 담은 공감과 이해는 그 자체로 최고다.
>
> **⋯ 친구와의 관계 / 대화**
>
> 〔마음〕 친구는 10대 시기의 최고의 인간관계이다. 좋은 친구를 만난다는 것은 엄청난 인연과의 교감을 경험하는 것이다.
>
> 〔행동〕 친구에게 연락을 안 한다고 화내기 전에 내가 먼저 친구에게 인사하고 연락하면 된다. 내가 좋아하는 친구가 다른 친구와 친하게 지내는 것도 이해해 주는 것이 진짜 친구이다.

'친구들과 대화하거나 게임하고 여행을 즐긴다. 나의 최고의 스트레스 해소법이다'라는 이야기는 흔히 접할 수 있다. 진짜 친구는 공감을 잘하고, 배려심이 있으며, 어떤 상황에서도 나를 믿고 웃어준다. 누구나 이런 친구를 원하고 소중한 존재로 여긴다.

친구는 어떤 존재인가? 적어도 같은 문화 속에서 비슷한 생각을 하고 이야기를 나눌 수 있는 동질 집단이다. 물론 사람은 독립된 존재지만, 친구와 함께할 때 느끼는 편안함은 부정할 수 없다. 마음의 눈높이를 맞추는데 친구만큼 최적의 대상은 존재하지 않는다. 물론 세대를 초월해 친구가 되기도 한다.

영화 〈인턴〉은 젊은 CEO가 운영하는 온라인 패션쇼핑몰 회사에서 일하게 된 노년의 인턴 사원 이야기를 담고 있다. 30세의 CEO 여주인공과 70세인 그의 비서는 세대가 서로 달랐다. 하지만 경험 많은 70세

인턴과 열정으로 가득 찬 30세 여성 CEO의 따뜻한 우정을 보면서 세대 간의 공감과 소통을 느낄 수 있었다. 그들은 꺼내기 힘든 치부나 약점을 고백하면서 서로의 마음을 더 이해했다. '손수건은 상대방에게 빌려주기 위한 것입니다'라며 힘들어하는 대표에게 손수건을 건네는 비서의 배려는 위로 그 자체였다. 서로 용기를 주고 기꺼이 친구로서 행복과 성장을 기원했다.

'나에게 좋은 친구는 누구일까'라는 질문과 함께 '그 친구는 나를 어떤 친구로 생각할까'라는 질문도 스스로 던져야 한다. 좋은 친구를 갖기 위해서는 나도 좋은 친구가 되기 위해 노력해야 한다. 10대 시기의 친구는 대단한 인연이다. 혹 그 시기를 놓친 어른이라면 진짜 친구가 되고 싶은 사람에게 '10대의 솔직함과 진실함 그리고 열정으로 노력하기'를 실천한다면 예상외의 우정을 쌓을 수도 있다.

'좋은 친구 되기 프로젝트'를 위한 3가지 과제를 정리해 보았다.

과제 1) **대화를 많이 하자.** (서로 솔직해지고 공감을 나누기 위해서는 많은 시간과 노력이 필요하기 때문이다.)

과제 2) **서로에게 도움되는 것을 고민한다.** (단순히 감정적 교감에 그치지 않고 그 친구의 성장에 도움이 되는 방법에 대해서 이야기 나누며, 친구가 노력할 때 응원한다.)

과제 3) **친구에 대한 고마움을 전한다.** (나에게 친구가 어떤 존재인지 이야기한다. 친구의 배려나 선물 그리고 나를 위한 희생에 대해서 구체적으로 고맙다고 마음을 전한다.)

스트레스 관리 : 몸이 튼튼해야 마음도 튼튼하다. 건강을 잃어버린 후 회복하려면 잃어버린 몇 배의 시간과 노력이 필요하다.

⋯▸ **멘탈 건강 관리**

〔마음〕무조건 건설적이거나 최고일 필요는 없다. 다만 무언가를 다시 시작할 수 있을 정도의 자기 관리는 늘 진행되어야 한다.

〔행동〕지킬 수 있는 습관 목록 체크 리스트를 작성해서 꾸준히 노력한다.

10대들이 일상 속 스트레스를 푸는 방법에는 어떤 것들이 있을까?

- 노래 부르기

- 늦잠 자기

- 음식 먹기, 상큼한 디저트 먹기

- 취미활동을 통해 스트레스 대처하기

- 그냥 축 늘어지기

- 원 없이 기타 치기, 음악 감상

- 친구와 산책하기

이 밖에도 여러 방법으로 자신의 마음 건강을 챙길 수 있다.

- 자신감을 갖고 행동하고 매사에 성실하고 예의 바르게 행동하기

- 아무 생각하지 않고 시간을 보내며 차분해질 때까지 기다리기

- 친구에게 힘든 일을 털어놓고 혼자만의 자기성찰 시간을 반복하면서 해결하기 위해 애쓰기

- 좋아하는 것을 주기적으로 해보기

무기력한 사람은 아무 감정이 없는 듯 보이지만 사실상 내면에는 깊은 스트레스가 존재한다. 무기력을 덜어내는 좋은 습관을 만들면 건강과 멘탈 관리가 도움이 된다. 나의 경우, 학교에 다니면서부터 아버지는 '일찍 일어나고, 아침은 꼭 먹고 학교에 가야 한다'라고 말씀하셨다. 얼떨결에 시작된 아침 식사는 무의식적인 습관이 되어 지금까지 나의 일상이 되었다. 여전히 나는 6시에 기상하여 아침형 인간으로 살아가고 있다. 오전에는 집중해야 할 일을 하고, 오후에는 휴식하거나 책을 읽고 생각을 메모한다. 아침 식사 습관은 시간 관리와 사람 관계에도 도움이 되었다. 아침 식사 루틴의 힘은 나의 최고의 강점으로 자리 잡았다.

멘탈 건강은 몸과 마음의 안정을 위한 자기 관리다. 10대 아이들의 건강 관리에서 최우선의 고민은 '수면'이다. 휴식의 필수 코스인 잠을 제대로 못 자면 몸과 마음의 상태가 안정적일 수 없다. 게다가 요즘 같은 언택트 사회에서는 몸을 쓰는 활동들이 급격하게 줄어들고 있다. 10대 학생들의 일상에도 큰 변화가 생겼다. 아침 등교, 걷기, 친구들과 대화, 실외 체육, 실기 수업, 교외 활동 등은 자유롭게 하기 힘들다. 몸을 덜 쓰는 상황이다 보니 적절한 신체 피로감이 없어서 규칙적인 수면 습관을 갖기 어렵다. 그렇다고 갑자기 음식을 조절하거나 강한 운동을 시작하는 것도 쉽지 않다.

국가자격증 시험을 준비하는 20대 학생의 학습 멘토를 하면서 나눈 이야기가 있다. 시험 준비 과정에서 자기 통제나 조절이 가장 힘든 부분이 수면 관리였다고 한다. 양질의 수면을 위해 30~40분 정도 스트레칭이나 산책하기, 폭식하지 않고 간식 횟수와 양 줄이기, 누울 수 있는 낮잠 환경 제거하기, 뇌세포에 자극을 주는 카페인 음료나 커피를 줄이고 페퍼민트나 레몬그라스 등의 향기 있는 차를 마시기 등의 방법은 누구나 알고 있을 것이다. 그렇지만 중요한 것은 바꾸고자 하는 습관을 최대한 3개월 이상 지켜내는 마음가짐이다. 시작은 반이라고 하지만 잦은 포기는 좌절로 끝난다.

30대 중반쯤 나에게 팔을 들 수 없는 심각한 건강의 위기가 왔었다. 여러 치료 과정을 거쳐 다행히 정상 생활이 가능하게 되니 제대로 된 운동을 배우고 싶었다. 어릴 적 로망이기도 했던 '춤(무용)'을 통해 3개월 동안 스트레칭과 기본 동작을 배웠다. 지금도 늘 나를 대견하게 느끼는 철저한 자기 관리 시간이었다. 3개월이라는 기간이 몸과 마음의 건강 회복을 위해서 필요하다는 믿음을 갖게 되었다.

현대무용을 전공하신 선생님의 무용 수업은 상상 이상이었다. 주 2회 90분 수업을 할 때마다 학원 문 앞에서 눈물이 울컥 쏟아지는 기분이 들기도 했다. '오늘은 얼마나 힘들까'를 상상하는 것만으로도 '그냥 포기할까'라는 생각이 계속 요동쳤다. 당시 6살 딸아이에게 좋은 모습을 보여주겠다는 일념으로 죽을힘을 다해 버텼다. 포기하지 않고 신체 움직임의 변화를 경험했고 지금도 그때의 스트레칭과 기본 동작은 나의 건강 관리의 기본이다. 그 당시 무용 학원에서 본 10대 아이들은 마른 몸에 단단한 근육을 갖고 있었는데, 무조건 참아야 한다는 자기 최면으로 힘든 시간을 견뎌내고 있었다. 건강 관리는 자기 내면과의 깊은 투쟁이다. 물론 쉽지 않다. 하지만 '불편함'을 통해 긴장하고, '힘겨움'을 통해 시간의 가치를 배울 수 있다.

여기서 멘탈 관리를 위한 두 가지 방법을 제안한다.

· **공부 공간 정리하기** : 오랜 시간 공부를 하다 보니 공부하는 공간에 대해 생각을 많이 한다. 무기력해지거나 슬럼프에 빠졌을 때는 공부 공간 정리를 시작한다. 먼지를 털고 작은 가구를 움직이거나 필요 없는 물건을 버리며 마음을 가다듬는다. 무기력과 슬럼프를 벗어나고 싶을 때는 마음 정리 즉 클리닝(cleaning)을 해야 한다. 지나치게 파이팅하기보다 차분하게 마음을 다스려야 한다. 하나씩 하나씩 실천해 보자. 마음을 다독이되 신체적인 욕구는 조금 줄인다. 몸이 건강해지고 마음이 정리되기 위해서는 조금씩 덜하고 천천히 하면서 절대로 포기하지 않고 긴 호흡으로 하는 것이 최고이다. 공부 공간 정리는 공부방 꾸미기가 아니다. 공부하는 시간뿐 아니라 나에게 오롯이 집중할 수 있는 장소를 정돈하는 것은 나만의 시간을 확보하는 기회가 된다.

· **책 읽고 좋은 문장 공유하기** : 대학생들이 고등학교 시절에 읽고 도움이 된 20권의 책 목록과 대표적인 리뷰를 정리했다. 책 읽기를 시작할 때 참고 목록으로 삼으면 좋을 것이다. 책을 읽다가 마음이 닿는 부분을 메모하고 누군가와 공유하는 습관은 생각을 성숙하게 하고 고민을 정리하는 데 큰 도움이 된다.

《참 소중한 너라서》(김지훈, 진심의꽃한송이, 2018)
'왜 나만 힘들까. 나만 안 되는 걸까'라는 생각을 많이 하던 중 모든 사람이
다 각자의 힘듦이 있고, 그 자체로도 충분히 아름다운 사람이란 것을 깨닫
게 해주었다. 따뜻한 글이 많이 담겨 있다.

《책은 도끼다》(박웅현, 북하우스, 2011)
책을 제대로 읽는 법을 알 수 있었다. 인문학으로 광고하는 저자의 생각을
읽을 수 있다.

《세계미래보고서 2045》(제롬 글렌, 테드 고든, 박영숙, 교보문고, 2016)
앞으로 어떤 일이 발생할지에 대한 대략적인 정보를 얻음으로써 자신의 진
로에 대해 더 깊은 생각과 성찰을 할 수 있는 기회를 가질 수 있다.

《콰이어트(Quiet)》(수전 케인, RHK, 2021)
내성적인 성격 때문에 친구들을 잘 사귀지 못하는 것 같아 스트레스를 받았
는데, 이 책은 내성적인 사람이 높은 집중력을 바탕으로 학술이나 연구 분
야에서 뛰어난 성취를 이룰 수 있었다며 나를 위로해 주었다. 원만한 대인관
계를 위한 방법론을 제시해 주어 교우 관계에 도움이 되었다.

《어떻게 살 것인가》(유시민, 생각의길, 2013)
성인이 되면 내 인생은 내가 결정해야 한다. 이와 같은 방향으로 어떻게 하
면 즐겁고 의미 있게 인생을 살 수 있는지 배울 수 있었다.

《피를 마시는 새》(이영도, 황금가지, 2005)
본성을 잃은 종족이 얼마나 슬픈 처지에 처할 수 있는지 알려준다. 정치를
할 때 정치 이념이 존재한다는 사실을 일깨워 준다.

《폰더 씨의 위대한 하루》 (앤디 앤드루스, 세종서적, 2011)
소설의 형식을 빌려 절망을 희망으로 바꾸고 후회를 용기로 바꾸는 법을 감동적으로 가르쳐 준다. 특히 다양한 고전의 내용을 바탕으로 하여 깊은 지혜를 터득할 수 있다.

《모모》 (미하엘 엔데, 비룡소, 1999)
앞으로 나에게 남은 시간… 시간의 중요성을 깨닫게 해준다.

《천사들은 우리 옆집에 산다》 (정혜신, 진은영, 창비, 2015)
세월호 참사 등 사회적 트라우마를 겪는 사람들을 치유하는 과정을 담아낸 책이다. 트라우마의 고통에 대해 공감할 수 있게 된 책이었다. 또한 치유사로서의 책임감도 느낄 수 있었다.

《사피엔스》 (유발 하라리, 김영사, 2015)
인간의 문명을 여러 가지 관점에서 쳐다보며 인류의 발전을 설명해가는 내용이 흥미로웠다. 이 내용이 인류가 발전해 나갈 힌트가 될 수 있다는 생각이 들었다.

《월든》 (헨리 데이비드 소로, 은행나무, 2011)
한 괴짜 지식인의 삶의 기록이자 철학 에세이이다. 정교하면서도 간결한 문체의 아름다움을 느끼고, 그 속에 담긴 깊은 사유와 성찰의 자세를 배웠다.

《신》 (베르나르 베르베르, 열린책들, 2011)
심오한 세계를 통해 인간의 존재 이유를 생각하게 되었다. 본능과 위기 대처 능력에 대해 생각해 볼 수 있다.

《파피용》 (베르나르 베르베르, 열린책들, 2008)
종교관, 철학관, 과학이 어우러진 희대의 명작이라 생각한다. 읽는 중간에도 그의 상상력과 소설의 짜임에 감탄했다. 책 분량이 적어 읽기 쉬웠다.

《미움받을 용기》 (기시미 이치로, 고가 후미타케, 인플루엔셜(주), 2014)
대인관계 문제로 고민하던 중 해결책을 찾게 해주었다.

《앎엔삶》 (최우창, 지식공감, 2017)
20대 초반 청년에게 삶에 대해 성찰해 볼 기회를 준다.

《어린왕자》 (생텍쥐페리, 열린책들, 2015)
어린 시절 읽었던 책인데 고등학교 때 다시 읽고 나서 많은 생각이 들었다. 잊지 않고 대학에 와서 또 읽어보니 모두에게 지금 다시 읽어보라고 추천하고 싶다. 시기별로 사람과 현실에 대한 생각을 꺼내는 데 큰 도움이 된 내 인생의 책이다.

《기억전달자》 (로이스 로리, 블루픽션, 2007)
디스토피아 세계관을 가진 소설을 읽는 것은 언제나 재미있다. 대리모나 노인, 장애인의 안락사, 감정을 없애는 것 등의 일에 대해 주인공과 같이 깨달아가고 많은 생각을 해볼 수 있다.

《나미야 잡화점의 기적》 (히가시노 게이고, 현대문학, 2012)
이 세상엔 더 이상 따뜻한 마음이 있을 곳이 없다고 비관하던 방황기에 사람의 마음속 따뜻함을 알려준 책이다.

《누가 내 치즈를 옮겼을까》 (스펜서 존슨, 진명출판사, 2015)
표면적으로는 아이들을 위한 이야기인 듯하지만, 다시 생각해 보면 단순한 일화가 아니라 우리가 삶을 살아야 할 방법을 제시해 주는 책이다.

《프레임 : 나를 바꾸는 심리학의 지혜》 (최인철, 21세기북스. 2021)
세상을 살아가면서 많은 선택과 마주하는데, 선택을 후회하지 않으려면 지혜롭게 판단해야 한다. 이 책은 주변 환경이 씌운 착각에서 벗어나 좀 더 이성적이고 지혜로운 선택을 할 수 있게 도와준다.

작은 성공 경험 : "1%를 절약하는 것이 곧 1%를 버는 것과 같다."

"세상에서 가장 행복한 사람은 자신 스스로를 통제한다는 느낌을 갖고 사는 사람이다. 그들은 자신을 신뢰할 수 있다. 많은 사람이 빠지는 최대의 잘못은 자신이 누군가를 위해 일한다고 믿는 것이다."

– 벤자민 프랭클린(Benjamin Franklin, 1706~1790, 미국의 정치인)

〔마음〕 큰 목표보다는 하루에 하나씩이라도 자신이 해낼 수 있는 것을 완수하겠다는 마음을 갖는다. 나의 현재를 존중하고 미래를 스스로 기대하는 마음가짐이다.

〔행동〕 휴대폰 메모장이나 자신만의 기록 방법으로 스스로 정한 작은 계획과 약속을 적어둔다. 기록은 글로 남길 수도 있지만, 영상으로 남겨도 된다. 중요한 것은 성취했음에 대한 기록을 하는 행위이다. 습관으로 발전시킬 수 있는 힘이 된다.

아이의 성장 과정에서 유아기나 초등학교 저학년 시기는 부모 특히 엄마의 역할과 영향력이 매우 강력하다. 하지만 10살 즈음이 되면 엄마가 예측하지 못했거나 기대치 않았던 아이의 모습에 당황하면서 아이와의 심리적 갈등과 대치가 시작된다. 자신의 아이에게 만족하지 못하는 엄마는 주변 지인들로부터 듣는 정보에 의존하는 경우가 많다. "요즘 초등 3학년이면 이 정도는 하는 것 같아요."라거나 "초등학교 시기를 잘못 보내면 아이들이 너무 힘들어지니까 싫어해도 혼내거나 달래서 시켜야 해요."라고 서로를 암묵적으로 다독인다. 몇 년의 시간을 보내면서 기대와 현실의 간극에서 아이들과 엄마는 갈등을 겪고 낙담하게 되고 결국 합리화하게 된다.

그런데 이 과정에서 놓친 것이 있다. 그것은 무엇일까? 바로 아이의 작은 성공이다. 높게 평가받지 못했거나 결과 자체를 인정받을 기회가 없으면 부모는 아이의 사소한 성공에 주목하지 못할 수 있다. 아이들의 작지만 의미 있는 '성공 경험'은 어떻게 찾아낼 수 있을까?

"6명이 함께하는 모둠별 활동에서 지현이는 친구들의 의견을 경청하고 모둠별 작업이 끝나고 나서 자리를 뜬 친구들을 대신해 책상과 주변 정리를 했다." … 솔직히 지현이의 모습은 오지라퍼 혹은 정리 잘하는 아이 정도로 평가될 수 있다. 그러나 좀 더 들여다보면 '경청하기', '배려하기'라는 측면에서 칭찬받아야 마땅하다.

"초 5 동진이는 수학이 너무 어렵다. 어제는 한 문제를 푸는데 1시간이 넘게 걸렸다. 다행히 답안지나 인터넷 정보를 보지 않고 스스로 문제를 풀어서 기분이 좋았다. 그런데 결과적으로 너무 시간이 걸려서 학교와 학원 숙제를 다 하지 못했다." … 동진이의 노력이나 태도는 진지했고, 학습에 대한 끈기도 있었다. 자신에게는 성공의 경험이지만 객관적으로는 미완성 상태로 평가받기 쉽다.

10대를 지나 20대가 되어도 사람들은 소박하고 작은 성공에 대한 희열을 갈망한다. 20대는 멋진 직업을 갖자는 거창한 목표를 세우는 시기이기도 하지만, 일상에서 겪는 소소한 활동이나 경험 속에서 자신을 확인하고자 하는 욕구도 있다.

나의 그림, 연주하는 모습, 노래하는 것, 음식 만들기, 공부에 집중하는 모습 등을 영상으로 만들어 저장해 보자. 때로는 용기 내어 공개하는 것도 작은 성공 경험이 된다. 성공은 '잘했다'의 뜻 이외에도 '목표를 달성했다'는 뜻을 포함한다. 무기력은 내면의 힘이 무언가에 눌려 있는 상태이므로 이러한 도전이나 표현은 무기력 극복을 위한 소중한 성공의 출발점이 된다. 사소하다고 생각하고 드러내지 않는 것은 나의 마음을 왜곡하여 더 깊은 무기력으로 빠져 드는 결정적 계기가 될 수 있다.

| 무기력 셀프 리셋 ⑦ _ 강점 탐색

강점 탐색 : "아이들을 올바르게 구제하는 방법은 한 아이마다 하나씩은 갖고 있는 뛰어난 힘을 끌어내어 주는 것이다"

– 페스탈로치(Johann Heinrich Pestalozzi, 1746~1827, 스위스의 교육자)

⋯▶ **나를 적극적으로 수용하기, 비교하지 않기**

〔마음〕 다른 사람에게 보여지는 내가 아닌, 그냥 늘 한결 같은 나의 모습을 찾아본다. 부모님의 무한하고 온전한 사랑을 받고 있음에 감사하며 나의 마음을 살핀다. 멋져 보이는 모습보다는 마음이 편안하고 자연스러운 상태에서 마음에 드는 나의 행동과 마음을 생각해 본다.

〔행동〕 나에게는 '어떤 강점이 있을까'에 대해서 생각해 보기, 부모님과 이야기 나누기, 친구들이 들려준 칭찬 기억하기 등을 하면서 강점 리스트를 적어본다.

페스탈로치는 고아원을 설립하여 평생 운영한 스위스 출신 교육학자이며 실천가이다. 유년 시절 그는 둔하지만 용감하고 소망을 가진 아이였다. 그의 어머니는 교양 있고, 마음씨가 곱고 너그러우며, 의지가 강한 분이었다. 어린 페스탈로치에게 가치 있는 곳에 돈을 사용하라는 가르침을 주었고, 때로는 냉정한 판단으로 스스로를 돌아보는 시간을 갖게 하였다. 아들에게 변함 없는 성실한 친구가 되어 주어 서로 마음을 터놓는 사이가 되었다. 페스탈로치는 그녀의 가르침 덕에 세계적인 교육학자로서의 삶을 살아갈 수 있었다.

다음은 20대 대학생이 10대를 추억하며 작성한 글이다.

"중학교 올라가기 직전에 처음으로 '나는 어떤 사람일까'에 대해 생각해본 것 같다. 첫째, 나는 승부욕이 대단히 강한 사람이라고 느꼈다. 사소한 내기라도 지게 되면 분해서 울었다. 둘째, 나는 사람을 좋아하는 사람이다. 새로운 사람을 만날 때마다 내 마음은 설렘 그 자체였다. 셋째, 나는 수학을 좋아해서 수학 공부를 잘하는 사람이다. 답이 딱 떨어지는 수학의 깔끔함이 매력적이었다. 넷째, 나는 그 시절에 명확한 꿈이 없었다. 항상 내 꿈은 뭘까 고민했지만… 누군가에게는 늦어보일 수 있었지만, 그 또한 나의 모습이라고 생각했다."

이 내용을 간단히 정리해 보면 다음과 같다.

"나는 승부욕이 강하며 사람과의 관계를 소중히 여기고 수학을 좋아한다. 중학교 때까지는 정해진 꿈이 없었다." 이 내용 속에서 이 학생의 강점을 찾아보자.

강점 1. 승부욕이 강하다.(목표가 정해지면 이기거나 성공하기 위해서 노력한다.)

강점 2. 정답이 분명한 수학을 좋아하고 잘한다.(이과계열 학습에는 큰 어려움이 없다.)

강점 3. 사람을 좋아한다.(관계를 중요하게 생각한다. 대화나 공감의 가치를 잘 알고 있다.)

자신의 강점을 찾아내고 정리한 후 기록하는 경험을 하면 강점은 힘을 얻게 된다. 무기력한 상황일지라도 강점을 통해 돌파구를 찾을 수 있다. 내가 좋아하는 것을 더 잘하고 싶고 자신이 무엇을 할 때 편안한지 잘 알기 때문이다.

어떤 모습이든 일단 나의 대표적인 특징이 무엇인지 생각을 정리한 후 그 행동이나 모습의 의미를 탐색해 보자. 처음에는 나의 대표적 특징을 정하는 것이 꽤히 쑥스러울 수도 있다. 이런 점을 주의하며 생각해 보자. 첫째, 중요한 것은 비교가 아니라 자신에게 집중해야 한다. '다른 사람보다 잘하는' 점이 아니라 '내가 좋아하고 잘하는' 것 중에서 우선순위를 정해야 한다. 둘째, 나 자신에게 느껴지는 것뿐만 아니라 다른 사람들에게 자주 듣는 긍정적인 평가에도 주목해야 한다. 예를 들어, 나의 대표적인 특징 2개를 정리하면 아래와 같다.

특징 1. 계획 세우기를 좋아한다. ┄┄▶ 내가 생각하는 나의 특성

특징 2. 목소리가 신뢰를 준다 ┄┄▶ 다른 사람들의 평가

정해진 2가지 특징을 좀 더 구체적으로 생각해 보았다. 진짜 나의 모습에 다가서고 싶었고, 그 과정은 나의 자존감을 세우고 앞으로 해야할 과정에 힘을 줄 수 있기 때문이다.

특징 1. 계획 세우기를 좋아한다.

어떤 일이 주어지면 도입-과정-결과를 기획하고 기대효과 등을 잘 정리한다. 관심 주제가 생기면 다양한 자료를 수집하고 그것에 대해 공부 계획을 세운다. 해야 할 일이 생기면 일정과 순서, 역할 그리고 성공적 완수를 위한 모든 내용을 기록한다.

특징 2. 목소리가 신뢰를 준다.

목소리가 크지는 않지만 상대방에게 안정감을 줄 수 있다. 큰 규모의 모임보다는 작은 모임에서 전달력이 더 좋다. 설득을 위해 발표해야 할 때는 글을 먼저 쓰고 말로 표현하는 연습을 많이 한다.

특징 1과 특징 2에 대한 구체적인 생각을 정리해 보았다. 좀 더 나의 모습을 알아가는 긍정적인 자세를 확인할 수 있었다. 막연히 나는 어떤 모습을 갖고 있다는 생각은 상황이나 대상에 따라 힘을 발휘하지 못할 때가 많다.

나는 10대 시절 '내가 잘하는 것' 혹은 '내가 진짜 좋아하는 것'을 스스로 물어본 기억이 없다. 그저 부모님이나 친구들의 평가를 듣는 수준이었다. 스스로 깊이 생각하지 않고 다른 사람으로부터 많은 정보를 듣다보니 오히려 이상한 태도를 갖게 되었던 것 같다. '진짜 내가 잘하는 걸까'라는 생각을 하지 않고 '사람들이 그렇다고 하니, 그런 모습을 계속 보여줘야겠구나'라는 마음이 생겼다. 스스의 내면의 힘에 의한 강점 탐색의 과정이 없이 타인으로부터 내 강점에 대한 이야기를 듣다 보면 오히려 나 자신의 내면을 바라보는 것을 무시하게 된다. 내가 나를 제대로 이해하고 받아들이는 과정은 나의 본성을 지킬 수 있는 강력한 힘으로 작동한다. 남과의 비교나 타인에 대한 의식이 아닌 나에게 오롯이 집중된 나만의 강점을 찾아 잃지 않고 계속 발전시키는 것은 신이 나에게 준 재능을 최고의 가치로 환원하는 것이다.

10대들의 무기력 셀프 리셋하기 과정에는 어른의 힘 더해주기가 꼭 필요하다. 스스로 해야 하지만, 어른의 섬세한 지지와 격려가 큰 도움이 된다. 아이들의 사소한 한 마디도 기억하고, 작은 칭찬에도 인색하지 않아야 한다. 조심스럽게 개입하되 늘 든든한 후원자임을 아이에게 알려주어야 한다. 아이의 품성과 능력이 무기력 때문에 상처받거나 훼손되지 않도록 부모가 긍정적인 응원 메시지를 보내야 한다.

H
E
L
P
L
E
S
S
N
E
S
S

6 무기력 리폼하기

진로코칭을 주제로 학생들을 상담하다 보면 보람과 함께 묵직한 부담이 느껴진다. 진로코칭이 중요하다고 생각해서 시작했지만, 실제로 몇 번의 만남이나 교육 활동만으로 '얼마나 도움이 되었을까' 하는 걱정도 많았다. 일시적 코칭이나 교육이 과연 최선일까 하는 고민을 늘 하게 되었다. 그럼에도 사람의 만남이나 관계의 인연은 분명 소중한 행위다. 어떤 분들은 '너무 마음을 주려고 애쓰지 마. 사람의 마음을 바꾸거나 얻는 것은 쉽지 않아'라고 조언한다. '부모도 못하는 것을 하려고 하는 건 오히려 욕심이 아닐까 생각해'라는 걱정도 전한다.

어른은 어떤 존재여야 할까? 어른은 적어도 '다음 세대 아이들을 위한 마음을 갖는다'에 동의해야 한다. 내 아이를 포함해서 다음 세대의 삶이 지금보다 나아지기를 소망하는 마음을 가져야 한다. 그것이 인생의 선배로서 나의 삶을 가치롭게 할 것이다.

교육학 공부를 하고 교육 활동에 전념하는 나에게 누군가가 어른으로서의 역할을 묻는다면 이렇게 답할 것이다.

"수업이나 상담 활동에서 만난 학생이나 혹은 어른들에게 저와의 만남이 괜찮았다는 평가를 받고 싶습니다. 잠깐의 대화일지라도 그들에게 도움이 되는 무언가를 전하기 위해 최선을 다하고 싶습니다. 만남에 집중하고, 인연의 소중함을 생각하겠습니다."

아이들과의 상담 시간 이후 도움이 되는 뭔가를 더 해주고 싶은 마음에 가끔 문자로 안부 인사를 한다. "진짜 오랜만이네. 얼마 전 어머님께 공부 열심히 하고 있다는 소식은 전해 들었어. 응원하고 싶은 마음에 문자 보낸다. 건강 조심하고 끝까지 화이팅하자!" 며칠 후 학생들의 답 문자가 온다. "와! 선생님, 오랜만이에요. 요즘 열심히 하는 것 같으면서도 불안하고 힘들었는데, 이런 응원 문자를 받아서 좋네요. 올해 열심히 해볼게요. 나중에 한번 봬요." 그 내용은 무조건 감동이고 때로는 어른이자 선생님으로서 나에게 힘을 주는 에너지원이다.

형식적 만남이 끝난 이후에도 그 만남을 기억하게 해주기 위해 며칠의 시간이 흐른 후 간단히 마음을 전한다. 답변이 올 때도 있고 읽는 것으로 그치는 경우도 있다. 그것은 그들의 몫이다. 사람을 향한 나의 도리를 다할 뿐 상대방의 반응에는 집착하지 않는다. 어른의 역할이나 마음가짐은 여전히 나의 불변의 철학으로 존재하고 있다.

무기력 리폼의 의미

'리폼(reform)'은 '기존의 모습을 개선하다'의 뜻을 담고 있다. 아이의 무기력 리폼은 곧 자신의 무기력을 모니터링하고 무심코 지나쳤던 마음을 살피는 시간이 된다. 어른들은 스스로 치유하며 아이들을 돌보는 것이 가능하다. 그것이 어른의 위대함이고, 어른이 해야 할 가치 있는 일이다. 특히 부모가 아이에게 품는 마음은 표현하기 힘들 정도의 강한 열정이자 진심이다. 부모나 어른으로서 아이나 학생을 향한 마음은 아무리 힘들어도 절대 놓아서는 안 되는 최저선이다.

10대의 무기력 리폼은 무엇보다 부모나 어른의 역할이 중요하다. 부모의 역할이며 어른으로서 책임이라고 생각하자. 먼저 무기력 리폼을 위해 부모가 가져야 할 마음가짐을 리폼(reform)이란 단어와 연관된 키워드로 의미를 짚어보았다.

RE : 다시 시작하다
Faciliator 퍼실리테이터 : 긍정적 피드백과 구체적인 피드백 제공하는 촉진자
Operator 오퍼레이터 : 계획과 목표를 정해서 차례대로 실행하는 운영자
Refuee 피난처 : 가끔은 무조건 네 편이라는 편안함을 줄 수 있는 안식처
Mentor 멘토 : 아이들의 성장에 도움 되는 활동이나 방법을 제안하는 멘토

아이의 무기력은 '내 아이에 대한 기대가 만족스럽지 않은 상태로 느껴지는 순간'에 나타난다. 이런 경우 '왜 그럴까? 혹시 내가 너무 예민한 것은 아닐까?'라는 생각은 전혀 하지 않고 그저 아이의 모습이

마음에 안 든다는 생각만으로 표정이 일그러지거나 힘 빠진 말을 던지면서 아이를 질책하는 경우가 많다. 사람은 이유 없이 비판받거나 가치를 인정받지 못한 채 자라면 어른이 되어서도 칭찬, 긍정, 우정에 굶주릴 수 있다.

어른으로서 후세대를 고민하는 경험의 정점은 부모가 되었을 때인 것 같다. 가끔은 내 아이가 '내가 아닌 다른 부모를 만났으면 어땠을까' 하는 비관적인 생각에까지 이를 수 있다. 하지만 이런 생각은 부모와 아이의 인연에 대한 무책임한 반항이고 무의미한 설정이다. 부모되기(becoming a Parent)는 어른으로서 할 수 있는 가치 있는 일 중 하나이다. 절대 포기해서는 안 된다. 아이도 부모님의 애틋한 진심과 사랑을 절대 모를 수 없다.

결국 '무기력 리폼하기'는 어른 혹은 부모가 무기력한 아이에게 주는 마음이고 공감이다. 고군분투하는 아이에게 힘을 보태는 것이다. 그동안 쉽게 생각하거나 단순히 지나쳐버린 마음을 가다듬고 새로운 마음으로 준비해야 한다.

무기력은 평범해 보이지만 특별한 신호다. 아이 앞에서 부모는 가장 예민해지기 때문에 마음과 다른 말이나 행동을 하게 될 수 있다는 것을 늘 기억하자. 아이나 자녀의 감정을 파악하고 공감할 줄 알아야 하지만, 너무 완벽해지려는 강박관념을 가져서도 안 된다. 아이의 무기력이 어디서부터 시작되었는지 원인을 찾아 해결해야 한다. 그리고 다시 힘을 낼 수 있도록 지원군이 되어야 한다. 그럴 때 부모가 할 수 있는 일이 바로 '무기력 리폼'이다.

부모의 무기력 리폼 방법

부모의 무기력 리폼 7가지 방법을 제안한다. 앞서 말한 대로 부모로서 해야 할 역할이며 어른으로서의 책임 정도로 생각하자. 단, 리폼의 목적에 대해서는 일단 공감해야 한다. 예를 들어, 옷을 리폼할 때 꼭 생각해야 하는 것은 무엇일까?

첫째, 리폼하는 과정에서의 어려움은 감수해야 한다. 실밥도 틀어야 하고 어떤 부분은 잘라내거나 덧대기도 해야 한다.

둘째, 원래 옷보다 더 나아져야 한다. 지금 나에게 쓸모가 있다는 확신이 들어야 한다. 어렵지만 해야 하고, 분명 예전보다는 나아질 거라는 믿음을 가져야 한다.

| 무기력 리폼 ① _ 회상, 고백

회상, 고백 : 우리도 한때 그랬다. 그때를 생각하면서 아이의 무기력을 잘 살펴야 한다.

⋯→ 기억하기, 심사숙고하기, 통찰을 통한 문제해결

〔마음〕 어른이 된 이후 나의 어린 시절을 많이 잊어버린 것 같다. 내가 기억하는 어린 시절은 어쩌면 선택적인 내용일 것이다. 완벽하지 않은 기억의 단편이라는 점을 생각하고 이야기해야 한다.

〔표현〕 "엄마, 아빠가 10대일 때는 그랬던 것 같아. 그런데 지금 생각해 보면 별거 아니야. 그리고 다 도움이 되더라."라고 말하자. 그런 다음 "그런데 그때는 누구나 힘들고 혼란스러운 것 같아. 그러면서 어른이 되어가는 거지. 우리, 함께 힘내자."라고 응원해 주자.

"학생은 우선 공부해야지!" 이 말은 아이들에게 어떤 느낌을 줄까? 어른에게 '요즘 일 잘하고 있지' 혹은 '살림은 할 만하지'라고 질문을 던진다면 어떨까? 아마도 두 질문으로부터 받는 느낌은 비슷할 것이다. 무기력한 아이에게 어떤 질문이나 이야기를 해야 할까? 가장 중요한 것은 즉흥적인 감정으로 이야기를 시작하지 않아야 한다는 것이다. 생각하고 나서 이야기하라는 것이다.

설명이나 질문은 의도가 중요하다. 좌절의 감정을 건드리지 말고, 다시 시작하기를 응원하고 기다리고 있다고 알려주어야 한다. 또한 서로 이야기가 오갈 수 있는 질문이어야 한다. 6하 원칙, 즉 '언제, 어디서, 누가, 무엇을, 왜, 어떻게'로 정리하여 이야기하면 더 정확하게 질문을 던지고 답을 얻을 수 있다. 좋은 질문은 숨겨진 혹은 미처 꺼내지 못한 이야기를 꺼내는 힘이 있다. 질문에 대한 답을 들으면 반드시 한 번 더 질문하거나 그 답변에 대한 이야기를 나누기 위해 노력해야 한다. 그래야 진짜 이야기를 들을 수 있다.

고등학교 입학을 앞두고 새로운 학교와 친구, 공부에 대한 고민 때문에 우울해하는 딸아이와 나누었던 대화 내용이다. (M=엄마, D=딸)

언제(When)

M : 학교생활이 많이 걱정되니? 엄마의 고등학교 시절은 지금 생각해도 우울 모드였던 것 같아. 솔직히 지금도 가끔 악몽을 꿀 때도 있어.

D : 엄마도 그랬어요? 그랬구나. 엄마가 그런 줄 몰랐어요.

M : 고등학교 1학년 때는 그나마 나았지. 2학년 때부터는 원하지 않았던 이과 공부를 하느라 졸업할 때까지 너무 힘들었어. 땅만 보고 다녔던 것 같아. 활짝 웃었던 기억도 없어.

D : 전학에 입학까지 겹치니까 저도 걱정이 많아요. 친구랑 공부 모두 걱정돼요.

어디서(Where)

M : 고등학교에 대해 어떤 생각이 들어?

D : 그냥 공부를 엄청 열심히 해야할 것 같아요.

M : 공부 말고 고등학교에서 하고 싶은 게 뭔지 생각해 봐.

D : 공부 말고 할 수 있는 게 많을까요? 새로운 공간을 생각하니 지금은 그냥 긴장돼요.

누가(Who)

M : 고등학교에 가면 좋은 친구들 많이 만날 거야. 엄마는 벌써 기대된다. 우리 딸 친구들은 누가 될지 말이야.

D : 전학을 와서 저만 친구가 없을 것 같아요. 점심 식사도 혼자 해야 할 것 같아서 창피하고 너무 걱정돼요.

M : 왜 혼자서 식사할 거라고 생각한 거야?

D : 같은 중학교에 다닌 애들끼리 친하니까 전 친구가 없을 것 같다는 생각이 들어요.

M : 엄마랑 내기할까? 너에게 같이 밥 먹자고 이야기하는 친구가 있을 거야.

D : 믿어지지는 않지만, 엄마 말대로 되면 너무 좋을 것 같아요.

(신기하게도 입학 전 오리엔테이션으로 처음 학교에 간 날, 딸에게 함께 밥 먹자고 이야기한 친구가 있었다. 지금까지 딸의 최고의 절친이다.)

무엇을(What)

M : 고등학교 생활에서 어떤 것이 가장 걱정되니?

D : 공부가 걱정돼요. 중학교 때 제대로 공부를 안 해서 내가 바보 같아요.

M : 고등학생에게는 누구나 공부 스트레스가 있을 거야. 3년 동안 분명 힘든 시간일 거야. 엄마가 많이 도와줄게. 공부 때문에 힘들거나 속상하면 엄마에게 속풀이 해.

D : 공부를 잘할 수 있을까요?

M : 고등학교 시절에 공부가 정말 중요하긴 한데, 엄마는 솔직히 진로에 대해 많이 고민하고 나름의 답을 찾았으면 하는 바람이 있어. 공부를 잘하면 좋겠지만, 그것보다 앞으로 해야 할 전공이나 일에 대한 구체적인 생각을 정하는 시간이 되었으면 좋겠어.

D : 저도 진로는 잘 모르겠어요. 수학이나 과학을 잘하지 못하니까 문과를 선택해야 할 것 같기는 한데….

M : 엄마도 고등학교 시절에 가장 힘들었던 이유가 계열 선택을 잘하지 못해서였던 것 같아. 공부는 무조건 열심히 한다고 최선은

아닌 것 같거든. 내가 해야 할 공부의 방향을 선택하는 것이 너무 중요하다는 걸 나중에 깨달았지.

D : 성적이 엄마 마음에 들지 않더라도 너무 혼내지 않기로 약속해 주세요. 대신 진로나 전공에 대해서 고민 많이 해볼게요.

왜 (Why)

M : 고등학교 생활에서 어떤 것을 많이 배울 것 같아? 엄마에게 고등학교 시절은 솔직히 암울했지만, 그래도 그 덕분에 많은 생각을 할 수 있었던 것 같아. 예를 들어, 꿈을 가져야 한다는 것과 힘들어도 버티는 것이 정답이라는 것을 배웠어.

D : 엄마는 어떤 것이 가장 힘들었어요?

M : 담임선생님의 학생들에 대한 편애가 좀 심했어. 상담하면서도 아주 속상했었어. 가끔 선생님답지 않은 분들이 계셨거든. 그때는 분명한 생각을 하지 못했는데 대학교에 가서 생각해 보니 그래도 그때 잘 참아낸 내가 대견했어. 엄마의 사춘기는 고등학교 때였는데 그럭저럭 잘 지내온 것 같아. 무언가를 잘하는 것도 중요한데 다른 시각에서 보면 별일 없이 지내온 것도 대단한 일이고 행운이라고 생각해.

D : 저도 힘든 일이 있을 텐데…. 그때는 엄마한테 이야기할게요.

어떻게 (How)

D : 고등학교 가서 공부를 잘하려면 어떻게 해야 할까요?

M : 실은 엄마도 고등학교 때는 공부 흉내만 내고 버텼고 제대로 된 공부는 재수할 때부터였던 것 같아.

D : 그래도 공부 잘하고 싶은데….

M : 하나만 부탁할게. 아침에 일어나는 시간과 저녁에 잠드는 시간을 정하고 그것을 잘 지켰으면 해. 수면 관리가 공부하는 데는 결정적인 역할을 했던 것 같아. 생활의 루틴을 만드는 게 중요한데 그중 기본이 수면시간을 지키는 것 같아. 컨디션 조절에도 중요하니까 말야.

D : 저에게는 가장 어려운 것이지만 노력해 볼게요.

스무 살이 넘은 딸과 지금도 대화를 많이 한다. 울퉁불퉁한 나의 과거를 파헤치는 느낌이 들어서 가끔 웃기도 하지만, 그래도 친구처럼 지낼 수 있어서 좋다. 아이의 성장 과정을 좀 더 많이 지켜볼 수 있어서 감사하다. 아이가 힘이 빠졌을 때는 좀 더 일찍 알아차리고 해결 방법에 대해 함께 고민할 수 있어서 좋다. 일어날 수 있는 문제에 대해 대비할 수 있는 시간을 벌 때도 있고, 속마음을 읽지 못해 상처를 주는 일도 조금씩 줄어드는 것 같다.

| 무기력 리폼 ② _ 가치관 제시

가치관 제시 : "아이들의 무기력에 대해 어른으로서 꼭 전달해야 하는 것이 있다"

⋯➔ 인생 선배로서 선택 기준 제안

〔마음〕가치관은 선택 기준이다. 무기력한 아이들에게 모든 선택을 맡기는 것은 최선이 아니다. 방치하는 것이다. 어른으로서 전해야 하는 것을 전하는 것은 아이가 올바른 선택을 하는 데도 많은 도움이 된다.
〔표현〕"무기력을 오랜 시간 이겨내지 못하면 누구보다 너가 힘들 것 같아. 지금 가장 힘든 부분을 이야기하고 그 이야기에 대한 생각들을 이야기해보자. 어른들이 세상을 먼저 살아가다보면 조금 더 해줄 이야기가 있을거라고 생각해."

'성실해라. 그건 너무 어려워요. 공부해라. 그건 나도 알고 있어요. 사랑해라. 그건 너무 이상적이에요'라는 노래 가사가 있다. 학교에는 급훈이 있고 가정에는 가훈이 있듯이 부모에게도 자녀 양육의 철학이 있어야 한다. 철학은 가치관이며 동시에 선택의 기준이다. 아이를 한 인격체로 성장시키기 위해서는 가정 교육의 주체인 엄마나 아빠는 아이를 향한 철학을 정립해야 한다. 철학은 원래 추상적이고 애매모호한 표현을 담고 있어서 정확히 표현하는 데에는 어려움이 있다.

무기력한 아이들을 향한 가치관이나 철학 이야기는 드라마틱하고 스토리가 있어야 한다. 내가 주로 사용하는 방법은 다른 사람의 이야기를 인용하면서 어른의 마음을 아이들에게 전하는 것이다.

예를 들어, 입욕제와 목욕용품으로 명성을 크게 얻고 있는 브랜드 '러쉬(Lush)'에 대한 이야기이다. 러쉬는 1995년 노숙자 출신의 마크 콘스탄틴(Mark Constantine)이 65세의 나이에 창업한 천연제품 생산기업이다. 꽃과 과일을 원재료로 만들어낸 천연화장품과 입욕제가 주요 생산품이다. 브랜드명은 신선함과 신록의 의미를 담고 있다. 창업자 콘스탄틴이 힘든 삶 속에서 포기하지 않고 늦은 나이에 재도전을 시도한 힘의 원천은 어린 시절을 보낸 숲이었다고 한다.

제법 값이 비싼 제품이지만 내가 제품을 구매하도록 이끈 것은 3가지 기업 철학 때문이었다. 천연재료를 사용하고, 광고를 하지 않으며, 포장은 단순하게 한다. 까만색 제품 용기를 보면 다소 고집스러움이 느껴지기도 하지만, 시간이 지날수록 익숙해지고 끌리기까지 한다. 그들의 기업 철학을 무기력의 관점으로 살펴보자.

철학 1. 어린 시절의 스토리나 생각은 어른의 삶에 중요한 역할을 한다. 하고 싶은 일이 무언지 몰라서 혼란스러울 때는 어린 시절의 스토리를 되새겨볼 필요가 있다. 표현이 정교하지는 않지만, 나의 본성과 더 많이 닮아 있어서 미래를 설계하는 데 중요한 단서가 된다. 하고 싶은 일을 찾는 것은 무기력 탈출의 최고의 전략이다.

철학 2. 화려함이 최선이 아니다. 평범하다고 뭔가 부족하거나 잘못하는 것은 아니다. 뛰어나지 못해서 주눅들 필요는 없다. 오히려 진짜 내 모습이 무엇인지 잘 찾고 지키는 것이 더 훌륭한 생각이다.

또다른 방법으로는 이야기 나누기 편한 소재를 미리 준비하는 것이다. 핀란드 교과서에 실린 다음 주제들을 참고로 이야기를 해보자.

- 좋아하는 꽃

- 처음으로 혼자서 한 일

- 만약에 내가 ○○○라면

- 내가 만나고 있는 사람

- 소개하고 싶은 친구

- 이것이 문제다

- 좋은 별명과 좋은 말

- 친구를 기분 나쁘게 한 경험

- 친구를 기분 좋게 한 경험

- 공부를 꼭 해야 할까?

- 세상에서 가장 아름다웠던 것

- 내가 가장 고통스러웠던 경험

- 발명하고 싶은 것들

- 키우고 싶은 애완동물

이야기 주제로 부담도 적고 편한 느낌이 들 것이다. 모든 주제를 다룰 필요는 없다. 아이가 좋아하는 것 혹은 이야기를 나누어야 할 주제에 관한 질문을 선택해서 대화를 나누는 시간을 가져보자.

어른에게도 가치관이나 철학을 직접 이야기하는 것은 어렵고 무겁다. 그렇지만 질문이나 혹은 누구의 이야기를 빌어서 대화를 나누면 철학을 공유할 수도 있고 깊은 생각도 꺼낼 수 있게 된다.

> **비움과 채움** : 아이들을 돕는 것은 무조건 열심히 하는 것은 아니다.
>
> ···→ 덜어냄과 잃어버린 것의 복원과 충전
>
> 〔마음〕 많은 음식을 먹는다고 모두 성장에 영향을 주지는 않는다. 지나쳐서
> 배탈이 날 수도 있고 불균형을 이루어서 건강을 해칠 수도 있다. 필요
> 한 것을 채우고 덜어내야 할 것을 빼는 여유가 오히려 도움이 된다.
>
> 〔표현〕 "오래 공부한다고 공부를 잘하는 건 아닌 것 같아. 공부를 잘하기 위
> 해서는 공부하는 시간과 휴식 시간을 잘 배분하는 게 좋아. 그리고
> 자주 틀리거나 부족한 부분을 정확하게 다시 확인해야 해."

부모의 능력이나 역할을 다섯 가지로 정리해 보았다.

1. 사랑한다는 표현

2. 여유 있는 돈, 경제력

3. 편안한 환경과 분위기

4. 보호자

5. 엄마, 아빠의 균형 있는 역할 분담

다음의 질문을 듣고, 위의 보기에서 답을 골라보자.

질문 1) 부모로서 아이에게 해줄 수 있는 것은?

···→ 나의 대답은 1, 3, 4이다.

질문 2) 부모가 아이에게 꼭 해줘야 하는 것은?

···→ 나의 대답은 1, 3, 4이다.

나의 경우 두 질문에 대한 대답이 같았다. 2번과 5번에 답을 할 수 없는 것은 둘 다 충분히 할 수 없음을 잘 알고 있기 때문인 것 같다. 부모나 어른으로서 한계를 느껴 조금 서글프기도 하고, 한편으로는 과연 2번과 5번을 충분하게 해주는 것이 아이를 위한 것인가에 대한 의문도 든다. 중요한 것은 부모나 어른은 할 수 있는 만큼 최선을 다해 아이들을 위해 애써야 한다는 것이다. 완벽함보다는 최선을 다하는 것이 중요하다. 부모의 능력이나 역할을 비움과 채움이라는 관점에서 정리해 보았다.

첫째, 사랑한다는 표현이다. 아이에게 부모는 끊임없이 사랑한다고 이야기하고, 사랑한다는 대답을 들으면 행복해한다. '사랑한다'는 단어는 부모의 절절한 마음을 담아내기에는 부족하지만 최선의 표현이다. 아이가 사랑한다고 표현하면 부모는 '내 사랑하는 마음이 아이에게 잘 전해졌구나' 하며 안도감을 갖는다.

사랑한다는 것은 어떤 의미일까? 모든 것을 기꺼이 내주는 마음과 그에 대한 대가를 바라지 않는 것이다. '엄마가 사랑해서, 그래서 하는 이야기인데'라는 표현보다는 '엄마가 늘 사랑한다는 걸 기억하고 힘내!'라고 말하는 편이 현명하다. 때로는 사랑한다는 말보다 안아주기, 토닥여주기, 살며시 웃어주기가 강력한 전달법이 될 수도 있다. 아이를 향한 욕심은 최선을 다해 비우고, 아이에 대한 진심을 전하는 노력을 열심히 한다면 말이든 표정이든 충분하다.

둘째, 여유 있는 돈과 경제력이다. 아이에게 필요한 것을 해줄 때 받는 아이보다 주는 부모가 더 뿌듯하고 감사한 마음이 든다. 그러면서도 아이에게 어느 정도의 경제적인 지원을 해주어야 하는지에 대한 생각은 복잡하다. 여유라는 것이 과연 아이에게 도움이 될까 하는 염려도 생긴다. 이 염려는 돈이나 경제력이 아이의 성장이나 도전을 막지 않기를 바라는 마음으로부터 온다. 아이와 함께 여행을 간다거나 배울 수 있는 기회를 주고 싶을 때 경제적인 여유가 없으면 부모로서 자괴감이 들 수 있다. 하지만 경제력의 수준과 아이의 성취도가 반드시 비례하지는 않는다. 지나친 욕심을 버리고 부모의 경제력으로 할 수 있는 범위 내에서 최선의 선택을 해나가면 된다.

셋째, 편안한 환경과 분위기다. 서양의 향초는 향기가 중요하며 끝까지 태운다고 한다. 반면에 동양의 향초는 꽃을 피우듯 끝까지 태우지 않는 원칙을 지킨다고 한다. 가정의 분위기나 환경의 편안함은 동양의 향초와 같으면 된다고 생각한다. 무엇이든 완벽하려는 강박적인 사고방식이나 모든 공간에서 아이에게 공부나 해야 할 일을 이야기하는 태도는 옳지 않다. 거실에서는 날씨 이야기나 엄마와 아빠의 일상을 들려주고, 함께 산책할 때는 진로나 친구 관계를 이야기하면 된다. 무조건 완벽한 답을 얻어내거나 최적의 해결책을 찾는 방향으로 대화하지 않아야 한다. 뭔가 부족하더라고 멈추고, 때로는 혼란이 더해져도 대화를 하며 비움과 채움을 계속 반복하는 것이 중요하다.

넷째, 보호자이다. 아이들이 원하는 부모 혹은 보호자로서의 역할은 무엇일까? '무조건 네 편이야'라는 진심이 주는 든든함이다. 가끔 아이에게 냉정한 부모나 어른들의 모습을 볼 때면 아쉬움을 느낀다. 부모의 태도를 이해할 수는 있지만, 위기에 처하거나 마음을 너무 다쳤을 때 아이들은 몸과 마음의 은신처와 보호막이 필요하다. 부모는 아이가 실수했거나 실패했더라도 다른 사람의 평가나 시선과 무관하게 '너의 입장에서 생각해 줄게'라는 마음의 신호를 보내주는 보호자여야 한다. 좌절을 경험한 아이에게 보호자로서 일단 '괜찮을 거야'라는 안도감을 느끼게 해주자.

다섯째, 엄마, 아빠로서의 균형 있는 역할 분담이다. 완벽함 자체는 멋져 보이지만, 한편으로는 상대방을 억누른다. 완벽한 엄마와 아빠를 보며 아이는 '나도 완벽해야 하는데 어떡하지'라는 생각으로 힘들어할 수 있다. 완벽한 부모가 아니어도 아이는 전혀 힘들어하지 않는다. 아이가 훌륭한 어른들의 모습만 좋아하는 것은 아니다. 부모나 어른으로서 '내가 어떻게 해야 하지'라는 고민과 노력만 전해진다면 아이는 충분히 감사하고 행복해한다.

역할도 마찬가지다. 엄한 아빠와 편안한 엄마라는 설정 역시 늘 한결같을 필요는 없다. 상황에 따라 균형 있게 부모의 역할을 수행하면 된다. 평소 엄격한 아빠가 어느 날 따뜻하게 안아주며 '힘들지'라고 한마디 건네주면 감동을 받는다. 아이는 엄마가 몸이 아파 식사를 제대로 챙겨주지 못한다고 '우리 엄마는 부족해'라고 생각하지 않는다. 오히려 아픈 엄마를 안쓰러워한다. 또한 엄마를 대신해 식사를 챙겨주는 아빠를 통해 안정감을 느낀다. 아이들은 어쩔 수 없음에 대해 어른들보다 관대하다. 부족함에 대해서는 얼마든지 이해시킬 수 있다.

| 무기력 리폼 ④ _ 균형

균형(밸런스) : 무조건적인 사랑과 제3자의 관점에서의 이성을 동시에 작동시켜야 한다.

┈→ **감성과 이성의 최적의 조합 / 절대기준**

〔마음〕 부모로서 나는 이성보다는 감정이 더 강하게 작동할 때가 많다는 점을 기억해야 한다.

〔표현〕 "부모라는 이유로, 진심을 말한다는 이유로 아이에게 강요해서는 안 된다. '진심으로 널 위한 거니까. 나의 지도를 따랐으면 해'라고 해서는 안 된다. '진심이지만 결정은 네가 해야할 것 같아. 당사자만큼 절실할 수는 없으니까'라고 마음의 동의를 구한다."

정신분석학자 에릭슨은 심리·사회적 발달단계에서 25세부터 54세까지 30년의 기간을 성인기로 설정했다. 그는 성인기의 대표적인 특징을 '생산성-침체감'으로 설명한다. 성인은 결혼하여 가정을 이루고, 자녀를 낳아 양육하고, 사회 속에서 자신의 위치를 세팅한다. 가정과 사회 시스템을 알아가고, 그 안에서 잘 적응하고 성장하기 위해 노력한다. 사회구성원으로서 자신의 모습이나 능력이 부족하거나 어울리지 않는 상황에 이르면 침체감을 느끼고 심리적으로도 불안해한다. 결혼을 하고 부모가 되면 '가정에서의 나'와 '사회 속에서의 나'를 고민하는 현실이 매순간 찾아온다. 사회구성원이든 부모이든 성인기 어른들은 '원래의 나'와 '사회나 가정에서의 나'의 두 역할 속에서 균형을 찾고자 노력하지만 만만치 않다. '두 가지 모두 중요하지만 하나의 역할에 충실해야 하는 것은 아닌가' 하는 선택지를 고민한다.

예를 들어, 학교생활에 낯설어하는 초등 1학년 아이를 둔 엄마들은 아이 돌봄에 집중해야 한다는 강박관념으로 '사회에서의 나'를 포기한다. 경력 단절을 선택한 후 안도감을 갖기도 하지만, 허탈감이나 속상한 감정을 아이나 가족에게 격하게 표출하기도 한다. 엄마로서 해야 할 수많은 일을 떠올리며 사회생활을 하지 않는 것에 대한 정당성을 찾아보지만, 절대 만족할 수는 없다. 일하는 직장인이나 전업주부로서 아이를 양육하느냐 자체가 기준은 아니다. 나의 인생과 삶에 대한 의미 찾기와 부모로서의 역할에 대한 갈등은 생활 곳곳에서 고민거리를 준다. 중요한 사실은 어느 하나를 포기한다고 다른 하나가 완벽해지는 것은 아니라는 것이다.

오히려 두 개의 전혀 다른 모습이나 역할이 서로에게 힘이 되기도 한다. 사회 활동에 지칠 때는 아이의 부모라는 이유로 위안받을 수 있다. 직장에서 큰 스트레스를 받다가도 환하게 웃는 아이 얼굴을 보면 편안해진다. 가정에서 힘 빠지는 일상으로 힘들 때는 사회 활동을 통해 존재감을 다독이기도 한다. 일을 하면서 아이에 대한 문제상황을 잠시 잊어버리기도 하고, 아이가 크면 나아지겠지 하는 담담함과 여유를 찾기도 한다. 두 역할을 그럭저럭 챙기는 엄마의 모습은 아이에게도 부담감을 줄여줄 수 있다. 직장 퇴직을 선택하거나 자신의 취미나 다른 일상을 포기하고 엄마로서 전념한다고 그만큼 아이들이 더 행복해하는 건 아니다. 전업주부로서 엄마 역할을 나의 존재 그 자체로 설정해버리는 과몰입은 아이뿐만 아니라 나를 위해서도 최선은 아니다.

　미국의 교육학자 하비거스트의 발달과업 이론은 생애주기별 역할을 설명한다. 시기별로 발달과업을 성공했을 때는 행복을 주지만 실패했을 때에는 불행을 느낀다. 부모나 어른으로서 아이와 교감을 나누는 30세에서 55세에 이르는 발달과업은 10대의 젊은이에게 책임 있고 행복한 성인이 되도록 조력하는 공적 사회적 책임이다. 아이가 '행복하다'는 감정과 함께 '책임감을 가져야 한다'는 생각도 함께할 수 있도록 격려하고 구체적인 방법을 알려줘야 한다. 개인의 행복도 중요하지만, 사회구성원으로서의 역할과 책임도 중요하다는 것을 알려줘야 하는 것이다.

　내 아이를 한없이 사랑하고 아끼는 마음과 동시에 아이가 타인과 함께 잘 살아가기 위해서 해야 할 일에 대해서도 알려주어야 한다. 내 아이가 소중한 만큼 다른 아이들의 존재에 대해서도 생각하는 마음의 균형을 갖고 아이를 대해야 한다. "아이와 함께 살아가야 하는 다른 아이들을 위해 어른으로서 내가 어떻게 행동해야 할까? 내 선택이 최선일까?"라는 진지함만으로도 충분한 조력자가 될 수 있다.

생각이나 행동의 모든 지점에서 균형감을 갖기 위해 노력할 때 무기력에서 더 빨리 벗어날 수 있다. 생각이나 마음의 균형감은 겉으로 보이는 힘의 균형으로 판단되기도 하지만, 내면적으로 서로 다르게 보이는 것의 균형이 더 멋진 모습으로의 재탄생한다는 지점도 생각해 보았으면 한다.

보랏빛의 화사한 허브 라벤더(Lavender)의 향은 사람의 스트레스 해소에 탁월하다고 알려져 있다. 라벤더 향에는 몸과 마음이 릴렉스할 수 있는 편안함을 주는데, 향기 자체는 신기하게도 서로 다른 기능을 한다. 과한 향기에 라벤더 향이 더해지면 적절한 향기로 중화된다. 반면에 밋밋한 향기에 라벤더 향이 더해지면 부족한 부분을 채워 그 향기를 돋보이게 해준다. 라벤더는 균형과 조절의 지혜를 알려준다. 라벤더의 향기처럼 지나친 것은 조금 절제하고 부족한 것은 천천히 충전하면 된다.

균형은 다른 한편을 억제하거나 누르는 것이 아니라 윈윈하기 위한 최적의 조합 상태이다. 사람의 생각이나 마음에서 이성과 감성의 균형은 단지 수치상의 균형을 뜻하는 것이 아니다. 사람마다 이성적인 코드가 강한 사람도 있고, 반대로 감성의 코드가 발달된 경우도 있다. 이성적인 스타일의 부모가 감성적인 아이를 키울 때 일단 감정은 조절하고 반대의 코드를 인정하고 공존하기 위해 노력하면 멋진 균형이다. 어른과 아이의 마음의 균형을 위해서는 어른이 조금 더 낮추어 바라봐주는 여유가 필요하다. 라벤더의 희생으로 더 멋진 향기를 뿜듯이 말이다.

신뢰 : 못 본 척 하지만 그래도 늘 뒤에 든든한 후원자가 되어주고 싶다. 경청은 작은 기다림이다. 전화 통화를 마친 후 상대방이 먼저 끊기를 기다린다.

···› 무심한 듯 기다림-부모님의 지나친 관심은 부담

〔마음〕 평생 아이의 든든한 후원자가 되고 싶다. 아이의 성장 속도에 대해서도 너무 마음 쓰지 말자. 속도가 다른 것은 당연하다. 아이에 대한 사랑으로 끝까지 포기하지 말자. 아이를 칭찬해 주고, 아이의 선택과 속도를 믿어주자.

〔표현〕 아이와 대화를 나눌 때 질문을 하고 대답을 들을 때 적어도 3초 이상 기다려 주어야 한다. 필요하다면 '더 기다려줄까?' 하고 물어보아도 좋다. 가끔 '엄마, 아빠는 널 믿어. 대신 힘들어서 도움이 필요하면 언제든지 부탁해 줘. 나에겐 언제나 네가 1순위니까'. 잔소리는 줄이고 기다리자. 늘 대화하고 서로의 마음을 읽는 시간을 가져보자.

기억 저편의 추억을 떠올려보자. 아이가 잠들면 엄마에게 잠시 여유와 평온함이 밀려온다. 2살 아이도, 12살 아이의 잠든 모습도 그저 뿌듯하고 예쁘기만 하다. 몇 시간 전까지 "너, 혼나야겠네. 엄마가 속상해." 하는 갈등 상황이었음에도 저절로 무한의 이해와 마음의 화해가 이루어지는 신비한 기적의 시간이다. 왠지 안쓰럽고 사랑이 풍성해짐을 느낀다. 이럴 때 엄마는 건강하게 하루를 보낸 것에 감사함을 느낀다. '잠든 모습이 처음 아이가 태어날 때의 감사함과 경이로움을 잠시 연상시켜서일까' 하는 생각도 든다. 한참 그 모습을 보고 나면 "엄마로서 잘해주고 싶은데 뭘 해야 하지?"라는 고민이 시작된다. 아이를 잘 키운다는 건 어렵지만, 그래도 잘 자라게 하는데 엄마가 힘이 되고 싶다. 식사 챙겨주기와 반복적인 잔소리가 전부인 현실이지만 마음속으로 바르게 키우고 싶다는 생각이 늘 중심에 있기 때문이다.

교사로 일하면서도 곳곳에서 무기력한 아이들을 만난다. '이겨내도록 돕겠다'라는 생각보다 '지금 그 아이는 미치도록 힘들고 혼란스럽겠다'라는 생각으로 아이들을 대한다. 다양한 현장에서 초등부터 대학생까지 10대 학생들과 상담해 보면 대부분 공부나 성적 그리고 진로 등이 고민거리였다. 고민하는 것들에 대해 어른들의 힘을 빌리기 위해 노력하기도 하지만, 그 과정에서 그들은 예상치 못한 마음의 상처를 받고 있었다.

"엄마가 나를 세상에서 가장 사랑한다는 것을 단 한 번도 의심한 적은 없었어요. 제가 잘못하고 부족했지만, 엄마가 영원히 내 편이라는 것이 너무 든든했어요. 대신 내가 스스로 할 수 있도록 속도나 방법은 저에게 맡겨주셨으면 해요. 엄마가 하시는 이야기가 틀린 것은 아니지만 결국은 제가 해야 하는 거니까요."

무기력한 상태를 걱정하는 엄마를 향한 10대 아이의 진심을 담은 호소다. 어른이나 부모들은 아이의 존재를 인정하지만, 진심으로 신뢰하는 경우는 드물다. 그런 마음 탓에 아이들의 이야기나 생각에 귀 기울이지 않을 때가 많다. 최고 실적을 자랑하는 세일즈맨은 말하기 3 : 듣기 7의 원칙을 지킨다고 한다. 솔직하고 깊이 있는 커뮤니케이션을 하다 보면 미처 깨닫지 못했던 '진정한 니즈'를 고객 스스로 발견하는 경우가 많다고 한다.

얼마 전 두 아이의 엄마가 된 사촌 동생과 이야기를 나누던 중에 마음에 닿는 표현이 있었다. "제 모습을 생각해 보니 10대에는 그냥 반항했고, 20대에는 친구들과 시간을 보냈고, 40대가 되어서야 부모님에 대한 생각을 처음 제대로 한 것 같아요. 부모가 되어야 부모 마음을 알 수 있는 게 참 아쉽기도 하고 그나마 다행이라는 생각이 들어요. 엄마가 힘드셨을 텐데도 늘 믿어주고 응원해 주셨는데 지금 생각해 보니 참 행복한 시간이었던 것 같아요." 이야기를 함께 듣던 외숙모가 "지금이라도 부모 마음 알아주어서 정말 고마워."라고 흐뭇해하셨다. 담담한 대화였지만 사촌 동생과 외숙모의 모습은 참 보기 좋았다. 부모의 신뢰는 이렇게 아이를 든든하게 지탱해 주는 힘이 된다.

| 무기력 리폼 ⑥ _ 따뜻한 말

따뜻한 말 : 때로는 고마운 지적이나 이성적인 충고보다 위로의 말을 듣고 싶다. 누군가 조언이라는 미명으로 내 자유를 구속하는 것도 싫다.

〔마음〕 사소하지만 따뜻한 한마디가 오히려 한순간에 깊이 와닿는다.
〔표현〕 "잘될 거야. 왜냐하면 좋은 사람이니까. 지금 힘든 것은 잠시 쉬고 싶어서일 거라고 생각해. 푹 쉬고, 다 털어내고, 다시 힘내보자."

'따뜻한 말 한마디'는 내가 좋아하는 글귀 중 하나다. 내가 듣고 싶은 말은 다른 사람도 마찬가지로 듣고 싶을 것이다. 말 그대로 역지사지 마인드가 필요하다.

부모는 본능적으로 자신의 아이에게 지나치게 민감하다. 지칠 때는 있어도 포기할 수는 없는 게 부모다. 탁월한 매니저가 될 수는 없어도 늘 무엇을 해줘야 하는지 고민한다.

"저는 아버지와 가장 많은 대화를 합니다. 6살 때쯤 밤에 차창 밖을 보던 제가 "아빠, 달이 우리를 따라와요!"라고 말한 적이 있습니다. 그때 아버지는 아이의 귀여운 말로 치부하고 넘어가는 대신 지구 밖의 세상에 대한 이야기를 들려주시며, 왜 아무리 달려도 달이 보이는지 말씀해 주셨습니다. 그날 저는 자전과 공전, 천체 사이의 거리에 대해 배웠습니다. 우리 부모님은 10살짜리 의견도 충분히 받아들이십니다. 핸드폰을 갖고 싶을 때, 귀를 뚫고 싶을 때, 학원을 그만두고 싶을 때도 진지하게 근거를 들어서 이야기하면 허락해 주셨어요. 그날 저는 처음으로 '보이는 것'을 '보이지 않는 것'으로 설명할 수 있다는 것을 알게 되었습니다."

"저는 제 부모님을 존경합니다. 두 분 모두 저와 제 동생을 남부럽지 않게 키워내려고 애쓰셨을 뿐만 아니라 당신들의 성장을 위해서도 항상 노력하고 계십니다. 아버지는 지금도 청년 시절부터 좋아하던 항공 분야를 공부하고 계십니다. 어머니는 몇 년 전에 새로운 직업에 도전하여 다시 직장인으로 자리 잡으셨습니다. 이런 부모님을 보며 저도 끊임없이 도전하고 노력할 용기를 얻고 있습니다."

"템플 그랜딘(Temple Grandin) 교수의 『The world needs all kinds of minds』 강연에는 자폐아들이 생각하는 방식에 대한 놀라운 이야

기가 있었다. 그는 자폐증임에도 불구하고가 아니라 자폐증 덕분에 그림으로 생각하는 자신만의 사고방식을 활용하여 축산업계를 개혁하고 세상을 바꾸었다. 소를 위한 인도적인 시설을 설계한 그의 모습을 보고 관심과 열정만 있다면 해결책을 찾을 수 있다는 믿음을 가질 수 있었다. 템플 그랜딘 교수의 어머니의 믿음과 보살핌을 통해 자폐아도 훌륭한 삶을 살 수 있다는 것이 증명된 것이다. '모두가 똑같지 않아서 그게 고마운 거라니까요.'라고 말하는, 교수로서 본인의 한계를 뛰어넘는 모습을 보면서 감동했고, 나중에 내가 치료하는 아이들과 환자도 이렇게 좋은 모습이 될 수 있다는 희망을 가지게 되었다."

자상한 아버지나 훌륭한 어른들만 따뜻한 말을 전할 수 있는 건 아니다. 모든 일에 너무 힘주지 않아도 좋다. 기꺼이 준다는 부모의 마음은 이미 성공적인 출발이다. 같이 아파하고 힘들어해 주는 것은 그 사람에게 최고의 위로이기도 하다. 사소하고 소박한 일이나 기억이 따뜻한 추억으로 남는 법이다. 수많은 사람 중에 나를 진심으로 바라봐 주는 부모가 있었다는 사실은 생각할수록 대단하다.

가끔 툭 던지는 한마디에 감동할 때가 있다. 드라마 대사를 들으면서 '어쩜 몇 마디로 마음을 완벽하게 표현하지'라며 감탄하기도 한다. 생각해 보면 드라마 작가가 많이 고민하면서 마음을 담아 써낸 대사이기에 감동을 받을 수 있었을 것이다.

아무 말이나 생각나는 대로 던지는 것은 오히려 독이 될 수 있다. 어떤 연예인의 일화가 생각난다. 유명세를 떨치던 남자 연예인이 구설에 휘말려 몇 년 동안 방송에서 외면당할 때였다고 한다. 그는 자신의 힘겨움을 아이들이 눈치채지 않도록 매일 어딘가 출근하는 것처럼 행동했다. 그리고 자신에게 주어진 그 시간 동안 아빠로서 자기 모습을 되돌아 볼 수 있었다. 언젠가부터 퇴근할 때 현관 앞에서 '아이에게 어떻게 인사할까, 무슨 이야기를 해줄까'에 대해 엄청 고민하고 준비한 후 현관에 들어섰다고 한다. 물론 매일 아이에게 특별한 이야기나 메시지를 전달하고자 한 것은 아니었을 것이다. 하지만 그와 같이 부모로서 아이에게 어떤 표현을 해야 할지 심사숙고하는 시간을 가지는 것이 중요하다. 마음속으로 아이에게 힐링되는 '툭 던지는 한마디'에 대해 생각해 보자.

- 부모가 아이에게 건네는 따뜻한 말 한마디
  - 요즘 식사 잘하는 거지? 날이 더워지는데 배탈 조심해.
  - 엄마 아빠는 네 편이다. 알고 있지?
  - 시험 기간이라 힘들지. 공부라는 게 참 힘든 거 같아.
  - 씩씩하게 지내줘서 고마워.
  - 괜찮아. 네 마음을 이해해.
- 선생님이 학생에게 건네는 따뜻한 말 한마디
  - 별일 없는 거지? 평소보다 자주 웃지 않아서 걱정했어. 웃는 모습이 보기 좋아.
  - 감기약 먹는 거 같은데, 따뜻한 물 챙겨 먹어.
  - 친구들과 잘 지내고 있는 거지?
  - 오늘도 파이팅하자. 잘 될 거야.

> **입장 바꿔보기** : 아이들은 힘들고, 진심으로 무기력을 이겨내고 싶다는 것을 일단 무조건 인정한다.
>
> 〔마음〕 아이들의 마음을 모두 알 수 없다. 나도 모르는 아이들의 힘듦이 있을 것이다. 아이들은 현재 느끼는 자신의 능력 부족에 대해서 속상해한다.
>
> 〔표현〕 아이 방을 들어갈 때 문을 노크한다. 대화를 나눌 때에도 미리 시간을 상의하고 이야기한다. 아이들의 침묵을 존중해야 한다.

입장을 바꿔본다는 것은 상대와 같은 쪽에 서보는 것이다. 이때 '내가 너의 입장에 서 줄게'라고 생각하면 안 된다. 오히려 '내가 상대의 입장을 안다는 것은 불가능하다'라는 마음가짐을 가져야 입장 바꿔보기를 할 수 있다. 이를 위한 3가지 생각 전환을 제안한다.

첫째, 내가 보낸 그 시절을 생각하고 마치 다 알고 있다고 판단하지 말자. "나도 어린 시절 다 지내봤어. 원래 그때는 힘들고, 뭐든지 쉽지 않아. 그렇게 누구나 다 살아가는 거야." 하며 마치 다 알고 있는, 누구나 겪는 평범한 마음이라고 가볍게 생각해서는 안 된다. 아이들이 자신의 입장이나 역할에 대해 힘들어하는 것을 좀 더 섬세히 생각해 보아야 한다.

둘째, 아이가 느끼는 힘듦의 수준은 다 알 수 없다. 평소 별일 아닌 것도 몸이 아프거나 마음이 약해져 있을 때에는 더 강하게 마음에 생채기를 낸다. 사소한 일에 발끈하거나 예민한 아이 모습을 보면 며칠 전 아이의 모습도 떠올려보고 서두르지 말고 아이를 관찰하자. 다른 일로 잠깐 불만스러운 생각이 들어서 보이는 행동이나 말투일 수도 있다. 거친 행동이나 침묵이 오래 반복되면 좋아하는 이야기 주제를 꺼내며 말을 건네보는 것이 좋다. 무작정 기다리다가는 자칫 방치하게 될 수도 있다. 누구에게나 관심은 필요하다.

셋째, 마음을 나누고 생각을 표현하는 과정에 아이가 주도권을 갖도록 해야 한다. 아이가 시간이 필요하다고 하면 기다려 준다는 메시지를 보내야 한다. 그리고 대화를 나눌 때는 아이가 말할 때 중단시키거나 끼어들지 않아야 한다. 경청하는 태도가 중요하다는 것을 알면서도 아이들에게는 잘 지키지 못하는 경우가 많다. 화려한 말투나 멋진 내용보다 '내 이야기를 들어주려고 노력하는구나'라는 느낌이 아이들을 감동하게 한다.

무기력한 아이를 바라보며 일상을 보내는 것은 참으로 복잡하고 아슬아슬하다. 걱정이 없는 날이 없고 부족함을 느끼지 않는 날이 없으니까! 어느 것 하나 결정하거나 결심하는 것도 쉽지 않다.

10대들의 심리상태는 신체 못지않게 정서나 마음이 불안정하고 미숙하다. 부모와 아이는 가장 사적인 관계이기에 가장 예민하기도 하지만, 서로를 동경하는 대상이기도 하다. 부모는 아이에게 꼭 지켜봐 주고, 응원하고, 상처 입을 때 든든한 후원자가 되어 주어야 한다.

어른으로서 무기력 리폼하기에 도전하는 것은 아이를 위함도 있지만 어른다움을 찾아가는 시간이기도 하다. 문득 20세기 대표적 희극인 찰리 채플린의 "인생은 가까이서 보면 비극이고 멀리서 보면 희극이다."라는 말이 떠오른다. 누구에게나 부러움을 받는 가정도 들여다보면 말 못 할 아픔과 속상한 일이 허다하다. 훌륭한 부모와 멋진 아이 사이에도 남에게 보여지고 싶지 않은 상처나 불편함이 존재한다. 어른이 된다고 한결같이 어른답게 살아가는 것도 아니다. 부모됨이나 어른스러움은 완결체가 될 수 없다. 다만 책임감을 갖고 아이들을 기꺼이 받아들이는 마음이 필요할 뿐이다. 어른들의 생각 전환과 작은 실천은 아이들의 무기력 리폼에 결정적 역할을 할 것이다.

7 무기력, 내면의 강함을 더하다

어른과 아이, 부모와 자녀의 위치와 입장을 걷기에 대입해 생각해 보았다. 딛고 있는 발은 어른, 부모의 책임감과 생각이다. 떠 있는 발은 아이, 자녀의 변화로 인한 불안정감이다. 딛는 발은 떠 있는 발을 향해 '용기 잃지 말고 앞으로'을 원할 것이다. 떠 있는 발은 딛고 있는 발을 향해 '덕분에 떠 있을 수 있음을 감사'할 것이다. 둘 중 어느 하나가 힘을 잃으면 금세 지치거나 넘어질 것이다.

어른과 아이의 모습을 과거의 나와 현재의 나로 가정해 보자. 과거의 나는 딛는 발로 삶을 지탱해 줄 것이고, 현재의 나는 내딛는 발로 힘을 낼 것이다. 두 발이 자신의 역할을 하며 균형을 지키면 바르게 걸을 수 있다. 이때 두 발은 서로 믿어야 한다.

두 발과 같은 부모와 자녀 관계를 잊지 말고 떠올리기를 바라며, 지금까지 살펴보았던 무기력에 대해 정리를 해보자. 그리고 마지막으로 무기력 뒤집어보기를 제안한다. 뒤집어보기는 무기력의 재탄생이고, 재구성이다. 부모와 자녀가 함께하길 바란다.

무기력 뒤집어보기

무기력을 뒤집으면 나의 성장에너지로 전환시킬 수 있다. 무기력을 뒤집기 위해서는 생각의 전환이 필요하다. 물론 생각으로 무언가를 변화시킬 수 있는지에 대한 확실한 답변은 미완성이고 진행형이다. 하지만 그럼에도 꼭 필요한 기본자세가 있다.

무기력 뒤집기 방법 5가지를 소개한다. 이 방법을 통해 무기력을 넘어 자신을 되찾는 경험을 하게 되길 바란다.

고군분투 / 진행형
⋯ 소소한 용기와 감동을 통해 내면의 열정을 지켜내다

"열정과 끈기는 보통 사람을 특출나게 만들고 무관심과 무기력은 비범한 사람을 보통 사람으로 만든다." (헨리 와드 비처)

"옹이라고 부르지 말라. 가장 단단한 부분이라도 한 때는 이것도 여리디 여렸으니 다만 열정이 지나쳐 단 한 번 상처로 다시 피어나지 못했으니…" (류시화 '옹이' 중에서)

〔10대〕 자신을 믿고 지금의 힘겨움은 나를 강하게 할 것이라고 확신하자. 단 일탈과 탈선은 조심하자.
〔어른〕 지금의 상황이 처음 겪는 것이라면 어른들도 자신만의 성장통을 겪는다. 내면이 출렁거리면 그때는 힘들지만 묵혀둔 에너지가 새로운 힘을 얻는다.

다중지능 이론의 창시자 미국 발달심리학자 하워드 가드너의 저서 《통찰과 포용(원제: Leading Minds)》(북스넛, 2006)에 따르면 가드너가 제안하는 leading은 '사람에게 영향을 주는' 것을 의미한다. 무기력한 모습을 보이는 아이나 어른이 열정을 갖게 된다면 나 자신과 다른 사람에게 영향력을 행사한다는 의미다. '영향을 준다'는 의미는 '마음을 감동하게 한다'는 의미와 일맥상통한다. 나의 마음을 감동하게 하고 그 에너지가 더해져 다른 사람에게도 좋은 에너지를 나눈다는 것이다.

열정은 내 안에 존재하지만 미처 꺼내지 못했던 것, 잠깐 잊고 있었던 것 그리고 꺼내기는 했지만 처음이라 익숙하지 않아 어색한 것을 움직이게 하는 힘의 에너지이다. 살다 보면 열정을 쏟아도 난관에 부딪혀 오히려 더 큰 상처를 받기도 한다. '그냥 있는 게 차라리 나았을 것 같아'라는 조언에 힘 빠지는 일도 겪는다. 나의 인간으로서 존엄성은 지금보다 나은 나를 갈망하는 나 자신만 지켜낼 수 있다.

자기 정의 / 자율 의지, 자율권
···➤ 자신의 선택에 따라 결과는 바뀐다

"장미에 가시가 있다고 투덜거리는 사람들이 있다. 그러나 나는 가시 있는 줄기에 피어난 장미꽃에 고마울 따름이다." (장바티스 알퐁스 카르)

"일찍 책장을 덮지 마라. 삶의 다음 페이지를 열면 또 다른 멋진 나를 발견할 테니." (시드니 셸던)

〔10대〕 내가 선택하고 결정하는 기회를 가져보자. 그리고 그것을 부모님이나 친구에게 설명하고 공감을 구해보자.

〔어른〕 아이의 선택을 최대한 이끌어내기 위해 노력하자. 질문과 대화를 준비해야 한다.

《아웃라이어》(김영사. 2019)의 저자 말콤 글래드웰은 세계적인 경영사상가로 '1만 시간의 법칙'으로 유명하다. 그는 주변 사람들이 말하는 성공의 기준을 그대로 받아들이지 않아야 한다고 이야기한다. 내가 진정으로 하고 싶은 일을 해야겠다고 결정하는 것이 인간다움의 기본이다. 어쩌면 나의 진짜 모습을 내가 가장 외면하고 있을지도 모른다. 무기력을 겪다 보면 스스로 자신을 포기하고 자신의 선택은 실패할 거라고 좌절할 때가 많다. 포기하지 않고 용기 내어 선택한다는 것은 나를 믿고 성실하게 실천하는 것이며, 그럴 때 결과를 바꿀 수 있다.

과정의 완벽함 포기
⋯ 최상이 아닌 최선의 절차를 따른다

"모든 순서를 지키는 것이 완벽한 것은 아니다. 순서는 누군가의 생각 이론일 뿐이다."

〔10대〕 후회되는 순간이 있으면 잠시 잊어도 된다. 후회로 인해 자신을 스스로 비하하고 절망에 빠지는 것은 더 큰 후회를 낳는다.
〔어른〕 과정을 무시해서도 안 되지만, 그렇다고 과정의 완벽함을 고집하거나 순서를 지키는 것이 성실하다는 생각은 잠시 내려놓자. 물론 최선을 다한다는 전제는 있어야 한다.

완벽한 답은 없다. 인간과 관련된 모든 것은 완벽이 불가능하다. 모든 과정에서 절차를 지키려는 것도 욕심이다. 논리, 과정, 절차는 이론일 뿐이다. 실제는 이론과 절대 같을 수 없기 때문이다. 때로는 지나친 순수함이 블랙홀이 될 수 있다. 적절한 노출이 오히려 독창적이고 매력적이며 나의 속도와 과정을 결정지을 수 있다. 자신의 미숙함을 있는 그대로 받아들이는 여유가 필요하다. 과거와 현재를 지나치게 의식해서 미래에 대한 예측을 완벽하다고 믿고 대응하는 것도 위험하다. 너무 앞서 나가 미래에 대한 걱정과 불안 속에 스스로 빠져드는 것도 어리석다.

도전

···▶ 익숙치 않은 무언가이지만 이끌릴 때 / 변화와 성장이 이루어지는
    순간

"오랫동안 꿈을 그리는 사람은 마침내 그 꿈을 닮아간다."(앙드레 말로)

"무기력은 멈춤이었지만, 성장이었다."

"삶은 성공이 아닌 성장의 이야기다. 빅 미(Big Me)··· 자기 과잉의
시대··· 능력주의자가 만들어낸 이기적 인간상을 거부한다. 리틀 미
(Little Me)··· 겸손과 절제··· 결함을 이겨낸 성숙한 인간의 탄생. 이
것이 인간의 품격이다." 《인간의 품격》(데이비드 브룩스. 2015)

[10대] 맘에 들지 않지만, 공부도 하고 책상 위를 정리한다. 다시 시작하는
     기분으로 나를 격려한다. 수첩이나 노트에 꿈을 적어보자. 미래의
     나를 기대하며!

익숙한 우화를 현대 버전으로 소개한다. 옛날에 거북이와 토끼가 살고 있었다. 육지에 사는 거북이는 매우 친절하며 신중했다. 그는 모든 일을 서서히 진행하였다. 토끼는 화려한 모습으로 무례한 태도를 보였다. 행동도 매우 재빨랐다.

어느 오후, 토끼와 거북이가 같이 가게에 가게 되었다. 가는 도중 토끼는 "네가 그곳에 도착하면 가게는 아마도 문이 닫힐 거야."라며 거북이를 놀렸다. "너는 너무 늦어서 내가 한 발로 뜀뛰기 하며 뒤돌아서 가도 너를 이길 수 있어."라고 하였다. "나는 결코 너를 이길 수 없을 거야."라고 거북이가 말했다. 그 모습을 본 거북이 친구들은 "우리가 돕는다면 네가 이길 수 있어!"라고 용기를 주었다. 거북이는 친구들이 실망하는 것을 원하지 않아서 결국 토끼와의 경주를 결정하였다. 수탉은 운동장에서 거북이와 함께 뛰어주었다. 라쿤은 건강을 위한 음식을 준비했고, 개구리는 매일 아침 거북이와 조깅을 했다.

드디어 경주가 시작되었다. 거북이가 첫걸음을 내딛기도 전에 토끼는 엄청난 속도로 질주했다. 토끼는 큰 소리로 호령했고, 거북이를 조롱하며 환호했다. 이야기의 다음 부분은? 토끼는 자신이 경주에서 이길 것이라고 확신해서 중간에 휴식을 가졌고, 결국 거북이가 승리하였다. 도전으로 시작된 성실과 인내는 반드시 보상을 가져다준다. 경주를 끝낸 거북이는 어떤 마음이었을까? 경주를 도와준 동물 친구들에게 많이 고마웠을 것이다. 그리고 성공을 예측할 수 없었지만, 용기 내어 도전한 자신을 칭찬했을 것이다.

얼핏 보면 암울하고 무겁고 힘이 없어 보이는 무기력의 상태는 우리가 삶을 살면서 공부해야 하는 이유를 알려준다. 무기력 덕분에 버티면서 어느덧 더 강해진 나를 발견하게 된다. 물론 도전이 전제되어야 한다.

홀로서기 / 독립
···→ 나에게로 초점 옮기기 / 무기력을 변화시키는 희망

"나는 혼자라는 생각을 넘어 내가 스스로 해야 한다. 그래야 나답게 성장할 수 있다."

〔10대〕어른이 되기 위한 연습으로 혼자 하기에 도전하자.
〔어른〕아이에게 집착하는 것은 결국 상처받은 마음으로 되돌아온다. 매 순간 독립된 존재로 아이를 인정하는 자기 세뇌가 필요하다.

나에게 홀로서기를 연상하게 하는 것은 1990년대 대학 시절 강릉 경포대 해변으로의 여행이었다. 동서울터미널에서 새벽 첫 버스를 타고 가서 바다를 실컷 보다 돌아와 보니 밤이었던 어설픈 여행이었다. 그럼에도 혼자서 낯선 곳을 갔던 첫 번째 여행이었다. 객기 부리듯 그

냥 바다를 보고 싶다는 충동이었지만, 그 경험으로 지금도 가장 편안한 여행지는 그곳이다. 강릉 경포 해변에 서면 예전의 나를 기억하게 되고 지금의 내가 위로받는다. 왜 사람들은 여행을 좋아할까 생각해 보았다. 특히 힘든 일이 있거나 무기력하다는 생각이 들 때도 여행하고 싶은 마음을 갖는다. 여행은 일상을 다른 시각에서 바라보는 건강한 일탈을 제공한다. 물론 무조건 여행이나 낯선 환경이 일상을 환기하는 것은 아니겠지만.

20대 아이를 보면서 여전히 10대에 가졌던 부모로서의 안타까움과 조심스러움이 계속 맴돈다. 초등학교 입학부터 대학생이 된 지금까지 나는 아이의 모닝콜이다. 아침형 인간인 나와 정반대로 아침 기상을 힘들어하는 아이와 매일 실랑이한다. 그런 아이가 수학여행 가는 날 새벽 4시부터 일어나 준비하는 모습을 보면서 헛웃음이 나왔던 기억이 있다. '그냥 혼자 있어 봐야 고치니까 깨우지 말아요'라고 조언해 주시는 분들이 있다. 분명 맞는 말인데 인간의 습관이나 마음은 공식이 전혀 통하지 않는 것 같다.

홀로서기는 무기력을 어떻게 변화시킬까? 나 혼자 시간을 보내거나 일을 처리하려면 마음의 여유를 갖고 나에게 집중해야 한다. 어른들은 아이들을 향한 욕망을 나 자신에게 향하도록 하는 것이다. 나에게 존재하는 100이라는 에너지가 있다면 평소 70 정도였던 부모, 어른으로서 마음을 일부 덜어내어 나에게로 방향을 돌리는 것이다. 완벽히 100의 숫자만큼 나에게 올인하기는 힘들다. 중심 이동을 나에게 더 실어주면 된다. 만약 나에 대한 욕망이 51, 부모나 어른으로서의 역할이 49라면 숫자는 겨우 2만큼가 차이가 난다. 하지만 51의 에너지가 향하는 방향은 점점 힘을 얻게 되고 49도 그것을 지키기 위해 본능적으로 버틸 것이다. 나를 향한 마음이 아이를 향한 마음보다 조금은 더 강렬해지는 것이 바로 홀로서기다.

이런 부모나 어른들과 호흡하다 보면 아이들도 홀로서기에 힘이 생길 것이다. 홀로서기는 나에게로 생각의 초점을 옮기는 것이다. 나를 챙기면서 생긴 에너지가 주는 마음의 안정감은 아이를 향한 긍정적 메시지가 될 것이다.

무기력 처방전 : 마음 약(藥)속

10대의 무기력은 그냥 두면 안 된다. 이론으로 10대를 판단하거나 규정짓지 말고, 공감하는 마음으로 아이에게 다가가자. 심각한 고민도 하고, 진로 때문에 불안하고, 부모나 어른의 말에는 일단 발끈하는 10의 마음속에도 미래에 대한 희망은 자리 잡고 있다. 어른으로서 아이의 마음을 섬세하게 살펴주어야 한다. 조금 번거롭더라도 무기력의 일상(평범한 듯 보여지는), 변형(조금 문제로 인식되는), 변질(문제행동으로 표출되는)의 수준별 모습을 살펴보자.

무기력한 아이에게 마음 약속을 전해보자. 어른 먼저 실천하고 성공이든 실패이든 아이들에게 고백도 하고 위로도 받아보자. 그러다 보면 '제 고민 털어놔도 돼요?'라는 뜻밖의 제안도 받게 될 것이다.

Attractive : 나만의 매력 자랑하기

⋯→ 괜찮은 생각과 독특한 모습을 찾아내어 나다움으로 만들자.

- "나의 웃는 모습과 말투는 편안함을 준다. 따뜻한 미소로 또박또박 눈빛을 맞추며 대화를 나눈다."
- "나는 친구들에게 무언가를 해주는 것이 보람되고 좋다. 누구를 위해서가 아니라 덕분에 내가 더 잘하고 싶다는 생각이 들어 행복하다."

Dream & Hope : 꿈과 기대에 대해 이야기하기

⋯→ 꿈은 미완성이니 욕심내지 말고 잘될 거라 믿자.

- "꿈은 미완성이어서 허탈하지만, 그래도 나의 미래를 상상해 본다. 지금보다 멋진 나를!"
- "초등학교 때의 꿈을 이야기해 보자. 어설프지만 나의 진심이었다."

Go & Challenge : 용기 내어 실천하기

⋯→ 나를 신뢰하고 하나씩 해보자. 시작하면 일단 나아지고 성장한다.

- "일단 몸을 움직여야 한다. 일정표에 오늘 3가지 할 일을 적어보고 바로 실천해 본다."
- "하지 않는 것은 바보다. 실천하면 무조건 얻는 것이 있다."

Independent : 홀로서기

⋯→ 혼자 설 수 있는 사람이 다른 사람에게 힘이 되어줄 수 있다.

- "고독이라는, 혼자 있는 시간을 견뎌내는 체험은 나의 숨겨진 모습을 보는 기회이다."
- "혼자 있을 때 잘하는 사람은 함께하는 일도 멋지게 해낸다."

Open : 솔직하게 표현하기

⋯→ 마음의 상처는 드러내자. 상대방이 알아야 조심하거나 치료를 돕는다.

- "내가 솔직해져야 다른 사람도 솔직해질 수 있다. 솔직하지 않으면 상대방도 경계한다."
- "속마음을 표현하다 보면 나도 몰랐던 내 마음을 알 수 있다."

Relax : 과한 마음 줄이기

⋯→ 쉼의 시간은 꼭 챙기자. 뜻대로 되지 않을 일들을 놓을 줄도 알아야 한다.

- "가끔 내가 나를 가장 가혹하게 공격하는 것을 목격한다. 포기와 실패도 따뜻한 시선으로 바라보자."
- "여유의 시간도 연습이 필요하다."

Simple & Focus : 최우선의 문제해결 방법 찾기

⋯→ 욕심내지 않고 단순하게 시작한다.

- "심호흡하며 고개를 들어 하늘보기, SNS에 글쓰기, 한 달 계획을 일주일 계획으로 바꿔보기 등."
- "전문가나 선생님에게 문제를 말하고 해결법 1개를 정해서 도전하자."

Slow & Steady : 서두르지 않기

⋯→ 치유 속도는 서로 다르다. 결론을 강요하거나 서둘러서는 안 된다.

- "문제를 알았다고 답을 알려주어서는 안 된다. 마음을 재촉하면 힘을 잃고 위축된다."
- "무기력을 극복하는 순서나 시간보다 중요한 것은 절대 포기하지 않는 마음가짐이다."

에필로그

무기력을 고민하기 시작한 3년 전 기억을 떠올려 보았습니다. 학교 부적
응으로 중도 탈락 위기에 처한 대학생 학습 치유 프로그램을 기획하면서
'학습된 무기력' 공부를 시작했습니다. 수업에서 만난 대학생들의 마음 상
처를 공감하고 조언하면서 과분한 감사 인사도 받았습니다. 도움의 대상
이 아닌 학생들 입장에서 그들을 이해하는 마음 습관도 생겼습니다. 오랜
만에 대학생 시절을 추억하는 시간도 가졌고, 엄마로서 이런저런 생각도
했습니다.

당시 삶과 역할에 대해 고민하던 나에게 무기력은 생각의 명제가 되었
습니다. 교육학 전공자로서 대학에서 강의와 상담 그리고 프로그램 개발
경험은 가치 있는 성과물로 축적되었지만, 내면의 혼돈과 고독은 더해갔
습니다. 2020년 꿈을 찾겠다며 독립을 선언했지만 이후 도전을 반복하면
서 내 안에는 공허함과 불안함이 차곡차곡 쌓여갔습니다. 때로는 솔직하
게 고백하는 것조차 자존심이 상해서 괜찮은 척하며 지냈습니다. 엄마로
서 선생님으로서 아이와 학생들을 향한 진심과 노력은 통할 거라며 버텨
왔던 시간마저 허탈했습니다. 하루에도 몇 번씩 '괜찮아. 모두 힘들 거야.
열심히 살았으니까 잘될 거야. 조금만 더 힘내보자'라며 다독이는 노력조
차 쉽지 않았습니다.

인간은 참 신기한 존재인 것 같습니다. 소진된 마음은 '무기력에 대해 공부하고 책을 써보자'라는 선택을 하게 했습니다. 10대의 어설픔, 20대의 열정, 30대의 고뇌, 40대의 안쓰러움. 그리고 50대의 또다시 찾아온 혼란으로 이어진 나의 마음을 무기력을 친구삼아 기록하고 싶었습니다. 엄마로서의 삶과 그동안 만난 학생들과의 만남은 나의 인생 그 자체였음을 당당하게 받아들이고 싶었습니다. '이 책이 완성될 즈음에는 무기력에서 벗어나 안정되겠지'라는 당연한 결말도 상상했습니다. 아쉽지만 '지금 어때'라는 질문에 '여전히 무기력한 느낌이 있네'라며 어정쩡한 답을 합니다. 그럼에도 무기력을 이해하고 공감하는 소통의 시간이었습니다. 고민하거나 힘 빠진 아이들을 만나게 된다면 주저함 없이 그들의 마음 상처를 다독여주고 싶습니다. 따뜻하게 인사하고, 관심을 표현하는 질문도 해보고, 경청하며, 사소하지만 진심을 담은 칭찬도 하겠습니다.

코로나19는 어른과 아이 모두에게 무기력을 고민하게 했습니다. 저 역시 2년이 넘는 시간 동안 예측불허의 삶으로 지치기도 했지만, 봄을 버티면 겨울에는 단단해진 나를 발견할 것이라 기대하며 무기력과 공존했습니다. 어쩔 수 없는 현실에 대한 허탈함이 가득한 요즘도 언젠가 추억으로 기억되며 아이들에게는 성장의 모멘텀이 될거라 기대합니다.

무기력은 계속 다가올 것입니다. 당장은 완벽한 해결이나 대단한 변화로 체감되지 않더라도, 부족한 나의 일부를 받아들이고 때로는 서로를 다독이며 노력했으면 합니다. 겉치레나 과장됨이 빠진, 진심 어린 어른들의 노력과 함께한 10대의 무기력 극복 스토리는 그들을 성장시키고 그들의 삶에 따뜻한 시간으로 남게 될 것입니다.